EL BARCO
DE VAPOR

Color azul enemigo

Patricia García-Rojo

Ilustraciones de Lucía Serrano

sm

LITERATURASM•COM

Primera edición: abril de 2017

Gerencia editorial: Gabriel Brandariz
Coordinación editorial: Patrycja Jurkowska
Coordinación gráfica: Lara Peces

Impresores, 2
Parque Empresarial Prado del Espino
28660 Boadilla del Monte (Madrid)
www.grupo-sm.com

ATENCIÓN AL CLIENTE
Tel.: 902 121 323 / 912 080 403
e-mail: clientes@grupo-sm.com

ISBN: 978-84-675-9191-0
Depósito legal: M-6704-2017
Impreso en la UE / *Printed in EU*

Para Eva, Sara y Álex,
que tienen un padre
conquistador de portales.

CASO: *El resistente ladrón de portales*

PISTAS:

- Un teléfono móvil.
- Una guerra interplanetaria.
- Un juego que engancha demasiado.
- Un padre que quiere conquistar el mundo.
- Un portal mágico que no deja de cambiar de dueño.
- Un cuartel general con tarta de zanahoria.
- Una ciudad entera llena de sospechosos.
- Un ladrón de portales que parece invisible.

¿Estás listo para investigar?
¡Pon a punto tu ingenio!
Abre los ojos en la oscuridad...

¡Bienvenido a la pandilla de la Lupa!

Me llamo Manu. Soy mellizo. Hago judo (y que quede claro que no me van a echar de la federación). Aunque a veces meta un poco la pata, mis amigos de la Lupa siempre me ayudan. El juramento de Montalbano nos mantiene unidos. Porque prometimos no mentirnos jamás. Y no es que yo diga mentiras, es que hay días en que las cosas se complican. Entonces hay que sacar la camiseta de la suerte y darlo todo.

Soy Erika. Tengo una tortuga que se llama Coliflor y un huerto personal en mi cuarto. Me encantan mis lechugas y mis tomates porque parece que siempre me sonríen desde sus macetas. En mi habitación hay un tipi indio donde me escondo si mi hermano Jaime se pone muy pesado. Cuando lo miro con los ojos entrecerrados, me parece el mayor sospechoso de la historia de la humanidad. ¡Culpable de todos los casos de la Lupa!

Hola, soy Carol, una investigadora de la Lupa. También toco la guitarra y hago *scrapbook*. Aunque algunos digan que soy una tiburona, en realidad soy un sol (eso dice mi abuela Pili). Me encanta descubrir a los sospechosos. Mi olfato de detective me hace temblar la nariz. ¡Huelo el crimen en cualquier parte! Menos cuando la abuela ha hecho tarta de zanahoria. Entonces solo huelo el banquete que nos vamos a dar...

Me llamo Álex y algún día veré otros planetas y viajaré a galaxias inexploradas. Lo sé porque tengo una familia enamorada de la ciencia (y la ciencia ficción), así que estoy más que preparado, la fuerza me acompaña. Además, tengo que estar atento a cualquier crimen que ponga en peligro la energía cósmica del universo. ¡Cuidado, malhechores del mundo real y virtual! ¡Aquí llegan los detectives de la Lupa!

Ningún caso se le resiste a la pandilla de la Lupa... ¿o sí?

Domingo 29 de mayo

DIARIO DE MANU

Yo creía que un domingo era un día pensado para hacer deberes toda la tarde.

Matemáticas, inglés, lengua, plástica.

A la carrera.

Como si el mundo se acabase hoy.

Pero no.

Álex me ha descubierto la verdad.

Un domingo es para ver con tu madre la saga al completo de *La guerra de las galaxias*.

De la primera peli a la última.

Y son siete (por ahora).

En pijama, con palomitas, una espada láser y una jarra de zumo radiactivo.

Y lo más importante: sin hermanas.

Carmen y Lucía se han ido con mi padre a una competición de gimnasia rítmica.

Que la fuerza le acompañe...

Yo me he resistido al lado oscuro y he convencido a mi madre de que el cine casero era nuestra mejor opción.

Bueno, también ha ayudado el resfriado de mamá.

Nadie puede salir de casa si tiene la nariz como un pimiento.

Así que me he quedado cuidándola.

Y ha sido el mejor domingo de mi vida.

Incluso hemos comido en el sofá: comida china.

La felicidad se llama así por este domingo.

Está claro.

Todo era perfecto.

Hasta que han aparecido mis hermanas.

Justo en el momento en que Chewbacca chillaba desgarrado porque había visto algo que no voy a contar.

Muy oportuno.

¿Que por qué no me alegro de ver a mis hermanas?

Porque Carmen y Lucía tienen un poder especial para las entradas triunfales.

Mamá se aguantaba la lagrimilla cuando han saltado delante de nosotros moviendo lazos de colores larguísimos.

En realidad nos han dado un susto mortal.

Les habría dicho cuatro cosas si, justo en ese instante crucial, no hubiese visto la cara de papá.

Tenía unos ojos de náufrago rescatado imposibles de describir.

Cualquier padre que sobreviva a un día entero de gimnasia rítmica es un héroe.

Le he puesto los restos de comida china en la mano.

Lo he sentado en el sofá.

Mamá ha mandado a Carmen y a Lucía a la ducha.

Y hemos podido ver el final de la película.

Los tres juntos.

Con las manos entrelazadas y los pelos de punta.

Alucinante.

Mañana voy a ser la envidia de Álex.

DIARIO DE ERIKA

Jaime siempre dice que lo de las semillas se me ha ido de las manos. Y luego pone esa cara de lagarto malicioso y revolotea por mi cuarto mirando con malos ojos mi pequeño huerto interior.

–No puedes cultivar tomates y lechugas en esas macetas: se te van a pudrir –suelta como si con sus palabras pudiese envenenar la alegría de mis plantas.

Y las plantas no son sordas. He visto con papá un vídeo en internet sobre un experimento en el que las plantas crecían más felices y más grandes si les ponías música bonita. Por eso tengo los altavoces al lado o les canto cuando estoy inspirada, incluso aunque mi hermano se ría de mí.

–Eriza, cada día estás más loca –es su frase estrella del momento.

Mis padres no imaginaban lo que iban a desatar con las semillas sorpresa que me regalaron en mi cumpleaños. Después de aquella primera cosecha de flores y ajos, supe que tenía que cultivar comida de verdad. Y por fin ha llegado el día de probar el fruto de mi esfuerzo.

Jaime ha cerrado su bocaza (y eso significa que se arrepiente un poco de sus palabras) al primer bocado. Algo de lo más normal, porque mi ensalada estaba deliciosa. La lechuga crujía fresca como una mañana de primavera y los tomates te explotaban en la boca como fuegos artificiales. Me he visto en el futuro como la flamante ganadora del Premio a la Lechuga Ideal.

Mi tortuga Coliflor está encantada. Ha mordisqueado la lechuga de mi maceta como si fuese el manjar más suculento del universo. Hasta cerraba los ojillos del gusto.

Mañana le voy a llevar un tomatito a cada uno de los miembros de la Lupa. A Manu le he mandado una foto desde el teléfono de mamá y me ha contestado con el icono de un mono asombradísimo. Es el que pone siempre que se ha quedado impresionado. Creo que piensa que soy la alegría de la huerta.

Ojalá tenga tanto éxito en las olimpiadas del cole como con mis macetas. El profe Ramón ha dicho que nos sube la nota si nos esforzamos por conseguir alguna medalla...

DIARIO DE CAROL

¡Mañana, olimpiadas escolares! ¿Tengo que empezar a hacer flexiones? ¡Seguro que sí! Estoy emocionadísima. Solo hay cuatro niños que van al conservatorio, y eso significa que las posibilidades de mi clase para ganar la medalla de oro en música son altísimas. ¡He estado ensayando toda la tarde! Bueno, no toda, porque o paraba de repetir la misma canción una y otra vez o mi padre metía la guitarra en la licuadora (eso ha dicho él).

Creo que se me ha ido la pinza, porque papá suele tener mucha paciencia cuando me pongo a ensayar.

Mi madre me ha ayudado cantando la parte que quiero enseñarle a la Lupa para los coros, pero desafina una barbaridad. No, su talento no es musical. Se le dan genial los números o la educación física, pero en las actividades donde se necesita algo de ritmo y salero... En esas fracasa estrepitosamente. Y lo peor es que ella pone una cara de puerro concentrado que parte el corazón. ¿Cómo voy a resistirme a eso? Al final hasta me acaba convenciendo su desafine. La abuela Pili entona con más gracia y me ha ayudado un poco mientras preparaba la comida.

¡Me encanta comer los domingos en casa de la abuela Pili! Hoy ha tocado hojaldre relleno de verduras y la tía Cati ha traído bombones de plátano de postre. No ha sido su mejor postre (eso dice ella), aunque yo me he comido cinco por lo menos. Hasta que mi padre me ha mirado con curiosidad, como si hubiese apostado cuándo iba a reventarme la barriga de tanto zampar. Pero es que estaba todo tan riquísimo...

Esta semana va a ser como una montaña rusa: olimpiadas escolares y dos días almorzando en casa de la abuela. Mamá y papá tienen trabajos absorbentes e injustísimos (eso dicen ellos) que les impiden cuidar de su única y fabulosa hija (eso lo digo yo) el martes y el jueves.

Intenté apiadarme de sus espíritus trabajadores, pero en cuanto me enteré... ¡casi me pongo a bailar! Ya le he pedido a la abuela Pili lentejas y huevos fritos con patatas, porque nadie fríe las patatas tan bien como una abuela, eso es una ley universal. ÑAM, ÑAM (eso dice mi barriga de solo pensarlo).

¡Estoy preparadísima para ti, semana de locura! Los platos de la abuela Pili me ayudarán a conquistar medallas. ¡Oro, allá voy!

DIARIO DE ÁLEX

–Estoy muy orgulloso de vosotros, tropa. Hemos puesto en su sitio a la Resistencia –esas han sido las palabras exactas de mi padre en cuanto hemos atravesado la puerta de casa.

Nuestras caras eran las siguientes, por este orden:

1. Mario: odio e incomprensión total (forma parte del pack de ser adolescente eso de no entender a tus padres, lo dice el libro de natu).

2. Mamá: dolor de pies (un gesto evidente para cualquiera, aunque no tenga sensores espaciales).
3. Julio: orgullo y satisfacción (porque es como un clon de mi padre).
4. Papá: victoria sideral.
5. Yo: cara de creí-que-era-divertido-pero-ya-no-lo-es (sí, también hay una cara para eso).

Puedes tener un padre obsesionado con el fútbol o un padre comilón o un padre amante de la fórmula uno o un padre lector o un padre manitas, o quizá una combinación de dos o varios de los anteriores... Y luego puedes ser yo y tener un padre friki que descubre un juego de móvil y cambia por completo toda su vida. Y la de su familia, claro.

Al principio de la semana pasada era divertido. Papá nos sentó a todos en el salón y nos soltó un discurso galáctico de lo más motivador:

–Hijos, esposa, el mundo nos necesita –dijo muy serio–. El universo nos necesita. El planeta está lleno de anomalías que tenemos que custodiar.

A mí lo de *anomalía* me sonaba a algún tipo de mono azul con manchas bastante peligroso, pero estaba equivocado.

–¿Anomaqué? –preguntó Mario (cualquiera diría que ya está en el instituto).

–Portales –respondió mi padre poniéndose de pie y abriendo mucho los brazos, como si estuviese esperando un aplauso–. ¡Portales llenos de energía mágica que tenemos que proteger para que la Resistencia no se haga con ese poder y lo use para el mal!

La verdad es que todo el discurso parecía de lo más espacial, y comencé a emocionarme. Miré a Julio, que también tenía ese brillo inconfundible en sus ojos de albóndiga. Mi padre estaba a punto de meternos a todos en una nueva aventura intergaláctica.

La única que mantenía el rostro de estatua era mi madre. Ella, que lo conoce desde hace más tiempo que nosotros, ya se imaginaba adónde nos iba a llevar todo esto...

Papá se había bajado un juego en su móvil (y en el de mamá) y nos tenía a los cuatro conquistando portales invisibles repartidos por todo el planeta Tierra (porque si crees que solo hay portales en tu pueblo, estás muy equivocado: también hay portales en el desierto y en el bosque más perdido que se te ocurra). Pero no los conquistas para ti, no; hay dos equipos mundiales:

EQUIPO AZUL	EQUIPO VERDE
La Resistencia	**Los Iluminados**
Intentan arrebatar los portales a los Iluminados (nosotros) porque piensan que queremos utilizarlos para sembrar el mal y hacernos ricos.	Protegemos los portales de los rebeldes de la Resistencia y utilizamos su poder para desarrollar nuevas tecnologías y salvar a la humanidad.

Al escucharlo por primera vez pensé: enemigos mortales, un campo de batalla planetario, conquistas de portales y energía mágica. ¿Qué más se puede pedir?

Ahora lo sé. Se puede pedir que no te duelan los pies.

Hemos estado todo el fin de semana andando arriba y abajo en busca de portales. Porque no solo hay que encontrarlos, no; también hay que conquistarlos, reforzarlos, protegerlos del enemigo... ¡Tengo una burbuja blanca en el dedo gordo del pie derecho!

–Somos soldados espaciales y tenemos una misión –me ha dicho Julio cuando me he quejado a mitad de la tarde.

Tú te crees que un hermano tiene corazón. Pero cuando es un enano enamorado de los juegos, el corazón y tus pies no importan: lo que importa es la conquista intergaláctica.

Así que al volver a casa nuestras caras eran como uno de esos poemas escritos con palabras raras que se saca el profe Ramón de la manga (y cuando digo de la manga, me refiero a la manga de la camisa; lo he visto con mis propios ojos). Los únicos que seguían felices eran mi padre y Julio. Todavía no sé si mi hermano es un pelota estelar o simplemente la versión friki mejorada de papá...

–Menos mal que mañana es lunes –me ha dicho Mario por lo bajo mientras se quitaba las zapatillas con cara de sufrimiento.

Jamás pensé que escucharía esa frase (tan sabia) de la boca de mi (poco sabio) hermano mayor. He asentido con la cabeza agradecido, pero mi felicidad no ha durado mucho porque, en ese momento, mi padre ha entrado sigilosamente en nuestro cuarto.

–Necesito pediros un favor, chicos –ha dicho en tono confidencial, mirando hacia la puerta por si llegaba alguien.

–No voy a volver a la calle a conquistar ningún portal –he avisado entrando en pánico–, ni aunque haya que bajar la basura ni nada.

Mi padre se ha reído, sin entender que mi frase era una amenaza totalmente seria.

–¡Sé cuidar de mis soldados, y ahora tenéis que descansar! –ha dicho con orgullo.

He suspirado recuperando la paz. ¿Por qué uno suspira recuperando la paz con su padre friki delante si todavía no le ha dicho qué favor quiere pedirle?

Mi padre me ha puesto un teléfono en la mano y yo he puesto cara de sopa de verduras.

–Conquista portales, hijo –me ha dicho con solemnidad–. Los Iluminados te necesitan.

Yo no podía ni hablar. Miraba el teléfono hipnotizado.

–Llévatelo mañana al colegio. Vivimos ya en un pacífico barrio verde. Extiende nuestras fronteras, protege la energía...

–Se le ha ido la olla –ha soltado Mario, y juro que he pensado que tenía razón.

–¡No puedo llevar móvil al colegio! –he dicho un poco con la boca pequeña, porque no sabía lo que estaba pasando.

¿La política «nada de móvil hasta que cumplas quince años» había desaparecido de pronto? ¿Podía ilusionarme y disfrutar de un teléfono solo para mí?

–No quiero que lo uses en el colegio –ha aclarado mi padre–. ¡Ni se te ocurra usarlo en el colegio! Solo... de camino al colegio. ¿Me entiendes? No en el colegio: de camino al colegio.

–¿Por qué repites las cosas, papá?

¿De verdad mi padre se estaba pasando al lado oscuro de la fuerza? Seguía tendiéndome el teléfono con cara de uvas de Nochevieja.

–Prueba mañana, solo mañana –ha insistido con su mejor voz de capitán convincente–, por el bien de nuestro planeta. Conquista el camino al colegio y, si ves que puedes, mantenlo verde esta semana.

Así que aquí estoy, con la conciencia intranquila y el viejo móvil de mi madre apagado en la mesilla de noche. Y no solo tengo miedo por tener un Darth Vader en casa, sino porque mañana empiezan las olimpiadas, y si el profe Ramón me pilla con un teléfono... ¡quizá me quite mis medallas!

–Yo paso –ha sido la frase contundente de Mario en cuanto mi padre ha salido del cuarto.

Y ahora duerme tan tranquilo, como un adolescente del enemigo.

Pero ¿y yo? ¿Cómo me duermo ahora? ¿Traiciono a mi padre y abandono al equipo verde a su suerte durante esta semana? ¿Dejo que la Resistencia siga robando portales y los use para el mal?

Siento la llamada de la justicia sideral en mi corazón robótico. Es esa llamada la que chilla y no me deja dormir en paz.

Lunes 30 de mayo

DIARIO DE ERIKA

¡Menuda forma de despertar un lunes! Papá ha levantado a toda la casa al ritmo de *Sweet Home Alabama*, que es una canción de cuando mis abuelos eran jóvenes.

–Los lunes con alegría son menos lunes –me ha dicho, dándome un beso bailarín antes incluso de que saliese de la cama.

Estaba muy gracioso bailando en pijama por el pasillo mientras iba al cuarto de Jaime (a él siempre lo despierta el último porque tiene peor humor). Mamá se ha asomado dando saltitos y moviendo los brazos como si fuesen olas.

–No preguntes, únete –me ha animado, con una tostada en la mano.

Así que me he vestido al ritmo de esa canción del pasado, que además parece sentarle bastante bien a mis macetas. La luz entraba por la ventana y caía sobre las hojas estiradas de la tomatera, como si le diese caricias cariñosas. Ha sido un despertar tan alegre que me he puesto la cinta de rayas que guardo solo para los días especiales.

–Tienes razón –le he dicho a mi padre desayunando–, los lunes así son casi martes.

–Estás loca, Eriza –me ha respondido Jaime, y se ha llevado un tostadazo en toda la boca.

A él lo de la música no le ha hecho gracia y ahora tenía cara de panceta churruscada. Le he sacado la lengua y le he guiñado un ojo a mamá.

–Pásatelo muy bien en las olimpiadas, cariño –me ha dicho ella dándome un abrazo justo antes de salir para el cole.

Entonces ha sido cuando me he acordado de las medallas otra vez y me he empezado a poner nerviosa.

DIARIO DE MANU

Erika ha llegado al cole con su cinta del pelo favorita, la de rayas.

¡Y eso que no es el cumpleaños de nadie!

Seguro que eso la ayuda a ganar alguna medalla.

Yo me he puesto mi camiseta de la suerte.

Aunque he tenido que luchar antes con mi madre. Decía que estaba llena de bolas y que daba vergüenza que un hijo saliese así a la calle.

A mí me ha dado igual.

«Si es su camiseta de la suerte, mamá, ¡su camiseta de la suerte!», le ha dicho Lucía defendiéndome.

A veces sí que está bien tener una hermana mayor.

Mi camiseta de la suerte tiene dos años y me queda un poco estrecha, pero lleva el dibujo de un monstruo con capa roja.

Un monstruo poderoso de los que no dan miedo, pero porque no necesitan asustar para ganar.

A Erika le encanta y me lo ha dicho nada más verme.

Entonces ha llegado Carol tan nerviosa como si tuviese una pulga karateka dentro.

Ella es así.

Cuando hay alguna cosa que la preocupa, se llena de *ísimos.*

Y nos contagia a todos con sus ataques.

Pero ¿por qué vendrá tan atacada a estas horas de la mañana?

DIARIO DE CAROL

No sé por qué le he pedido a mi padre que pusiese el himno olímpico de camino al cole, para que todos nos concienciásemos de la importancia del día de hoy.

A ver, yo creía que iba a ser un momento emocionante que me daría energía para el resto del día. Pero claro, cuando han empezado a sonar esas voces tan serias, esos coros... ¡me he puesto de los nervios! A mí me encanta la música clásica y la música moderna y la música de cualquier tipo, porque mi alma siempre está preparada para escuchar (eso dice mi abuela Pili). ¡No es que no me gustase el himno! Es que era tan largo y estábamos tan callados que me ha empezado a temblar una pierna de la impaciencia, y después la otra, y después me he imaginado que no ganaba ninguna medalla y... Vamos, que me sentía atrapada en el coche y le he pedido a mi padre que lo quitase.

Se le ha quedado al pobre una cara de salchicha... Dice que a veces no me entiende y que si estoy entrando en la preadolescencia. Todavía no tiene que preocuparse por eso, estamos a salvo (le he dicho yo). Además, he visto a los hermanos de mis amigos pasar por eso, reconozco los síntomas. Esto no es la preadolescencia, es un ataque de pánico por las olimpiadas escolares. ¡Quiero ganar!

Menos mal que hoy no tocan las pruebas de música y me he ido a clase sin el peso de la guitarra, porque con los nervios... lo mismo la hubiese estrellado en cualquier pupitre. Son cosas que pueden pasar hasta en las mejores clases.

Cuando he llegado a la puerta del cole, Erika y Manu ya estaban comentando las pruebas en las que se iban a apuntar. Vienen preparados para todo: mi amiga con su supercinta de buen humor y mi amigo con su camiseta de la suerte (que no sé cómo le cabe, la verdad).

¿Cómo no he caído yo en elegir ropa especial para la ocasión? Un vaquero y una sudadera roja no van a darme puntos extra. Estaba concentrada en esos pensamientos cruciales cuando Manu me ha dado un codazo llamando mi atención. He estado a punto de devolvérselo, pero entonces he visto lo que me estaba señalando.

¡Álex venía con un teléfono a clase! Un teléfono móvil DE VERDAD. No de esos que tienen caramelos o chuches dentro. Me he quedado con la boca tan abierta que parecía que le iba a dar un mordisco al bocadillo de tortilla más grande del universo.

Ni en mis mejores sueños me dejan llevarme un móvil a clase. Y eso que he intentado conseguir uno con mil millones de creativas propuestas, desde fregar todos los días los platos en casa hasta no quejarme nunca más cuando me pidan un favor... ¡Pero nada! Mis padres dicen que los teléfonos no son juguetes. ¡Como si yo no lo supiera! Los móviles no son para jugar, son para hablar todo el santo día con tus mejores amigos y parte de los amigos de los demás. Vamos, que te quitan un poquito de tiempo, sí, pero sobre todo te sirven para agrandar la amistad.

¿Pero de dónde has sacado eso? (le he dicho yo a mi mejor amigo corriendo hasta la verja del colegio).

Álex se ha parado justo antes de cruzar la puerta al patio y me ha mirado con ojos de perrillo castigado.

DIARIO DE ÁLEX

Tú puedes creer que tener un teléfono es una cosa sensacional porque todos los mayores tienen uno y has escuchado cómo presumen de todas las cosas que hacen con sus móviles. Es más: también puedes ser un amante de los robots que sueña con hablarle a una máquina inteligente algún día y que te responda con información de todo tipo.

Pero es que, además de todo eso, tienes ojos. Y tus ojos funcionan perfectamente. Y con ellos has visto la cara de tonto que se le queda a más de uno mirando la pantallita, o cómo personas que se quieren, sentadas en el mismo sillón, no se dirigen la palabra porque están con el cerebro aplatanado concentrado en un teléfono (y no estoy hablando de cuando mi padre se engancha a un juego, que conste, ni de cuando mi madre se pone a hablar con mis tíos y le dan las tantas; estoy hablando en general).

Es decir, tú sabes la diferencia entre las fuerzas del bien y las fuerzas del mal. Y también quieres tener un móvil. Pero te da miedo volverte un zombi de las tecnologías del futuro, un esclavo informático de su propio agujero negro.

En cuanto mi madre nos ha dejado en la esquina desde la que vamos andando al colegio, he sentido que el teléfono me pesaba como un diccionario radiactivo en el bolsillo.

–Vamos, soldado, a la conquista –me ha dicho Julio con una sonrisa enorme.

¡Y eso que yo pensaba disimular! Así que mi hermano pequeño estaba al tanto de los planes de mi padre... Qué listo es nuestro capitán, no se fiaba de que yo cumpliese con mi misión.

Hemos conquistado un portal a la altura del quiosco de periódicos, otro en los cubos de basura y, el último, en la mismísima puerta del colegio. No podía creérmelo. Mi colegio era territorio de la Resistencia. Menos mal que mi padre no estaba allí, o habría reunido al AMPA para custodiar el portal mágico de la entrada.

–¡Mis hijos en un colegio rebelde! –habría dicho con cara de pánico.

Justo cuando iba a guardar el móvil, Carol ha aparecido de la nada gritándome algo que mi mente no ha sido capaz de procesar. Al segundo, Manu y Erika estaban mirándome con los ojos como platos.

¿Y ahora cómo les explico yo todo lo de la Resistencia y los Iluminados? Y lo que es peor: ¿cómo les digo que mi padre es mucho más friki de lo que ellos se pensaban?

DIARIO DE MANU

El padre de Álex es genial.

Un padre del futuro, como diría él.

Un padre sideral (por mejorarlo).

A mí lo del móvil me da lo mismo.

No quiero un teléfono para estar todo el día mirando la pantalla.

Eso se lo dejo a Lucía, que, con la excusa de preguntar los deberes, se pasa media tarde colgada al móvil de mi madre.

Lo que yo quiero es formar parte de los Iluminados.

Y vestir el color verde (no el verde ladrón, el verde de la justicia).

Y participar en esta batalla crucial a nivel universal.

DIARIO DE CAROL

¿Es posible que haya un juego en el que participen países de todo el mundo? ¿Es posible imaginar un mapa del planeta Tierra con Iluminados y rebeldes que conquistan portales como quien colecciona cromos? ¡Un policías y ladrones a nivel mundial!

Me ha parecido una SUPERIDEA. Vamos, que ayudaré a Álex en todo lo que haga falta. Su padre será un poco friki, pero conoce unos juegos chulísimos. ¡Y le ha dejado su móvil! Vale que no tiene ninguna aplicación instalada más allá del juego este, pero... ¡Álex tiene un móvil! Va a ser el niño más envidiado del colegio, porque creo que es el único. ¡Y es mi mejor amigo! (eso le he dicho a todo el que se ha acercado a husmear).

DIARIO DE ERIKA

Todos estábamos mirando a Álex como si tuviese superpoderes. Cuando se ha empezado a formar un grupo de curiosos a su alrededor preguntando por el teléfono y por el juego de los portales, el pobre ha guardado el móvil y nos ha mirado con cara de querer escapar.

Los miembros de la Lupa nos damos cuenta de estas cosas.

–¡La directora! –ha gritado Carol entonces señalando con un dedo, y cuando todos han girado la cabeza, ha cogido a Álex de la mano y los cuatro hemos echado a correr.

Hemos llegado a clase justo cuando el profe Ramón colgaba los carteles para apuntarse a las pruebas de hoy.

–¿Tanta prisa tenéis por competir? ¡Muy bien, ese es el espíritu olímpico! –se ha reído con sus gafas verdes relucientes de los lunes (los viernes pierden el brillo y se ponen casi marrones).

Estábamos los cuatro como si acabásemos de salir del agua después de bucear mucho rato, boqueando como Pez II. Carol tenía la cara roja y se aguantaba un poco la risa, porque en realidad le encanta escapar.

En cuanto el profe Ramón se ha dado la vuelta para ir a por más celo, Álex nos ha mirado muy serio y, señalándose al bolsillo donde tenía el teléfono, ha dicho:

–Hasta que suene el último timbre, nos olvidamos del móvil y nos concentramos en lo importante.

–¿La Resistencia? –ha preguntado Manu, que se había enamorado del juego a primera vista.

–¡Las medallas! –ha recordado Carol poniéndose derecha, y sus ojos han brillado como las palomitas recién hechas.

Y luego ha sonado el timbre.

DIARIO DE ÁLEX

No han dejado de atosigarme hasta que el profe Ramón ha comenzado a hablar de las olimpiadas. Tenía pegados a mi espalda hasta a los niños más chulitos de la clase, insistiendo en que les enseñase el teléfono. ¡Qué pesados!

Me habría gustado levantar un escudo robótico que me protegiese de tanta curiosidad. Pero aún no ha llegado del todo el futuro sideral.

Carol ha puesto su cara de medalla de oro y me ha guiñado un ojo.

Sí, tenía toda la razón del mundo: había llegado la hora de centrarse en la competición...

DIARIO DE MANU

Pruebas de matemáticas y plástica.

Eso era lo que tocaba hoy.

Menos mal que había plástica también.

Con los números soy un caos, pero con los lápices de dibujo me defiendo bastante bien.

El profe Ramón nos ha dado los horarios.

Solo podíamos apuntarnos a dos pruebas de cada tabla.

Era importante elegir bien.

Y había de todo.

DIARIO DE ERIKA

Lista de pruebas en la competición de matemáticas

- Duelo de sumas
  (se ha apuntado Manu).
- Duelo de restas.

- Duelo de multiplicaciones
  (nos hemos apuntado Álex y yo).
- Duelo de divisiones.
- Duelo multicuenta
  (que es un poco de todo lo de antes).
- Carrera de problemas
  (se ha apuntado Carol).
- Carrera de relevos con cuentas
  (el equipo más rápido gana
  y nos hemos apuntado todos).

Lista de pruebas en la competición de plástica

- Duelo de retratos
  (se han apuntado Álex y Manu).
- Duelo de collage
  (nos hemos apuntado Carol y yo).
- Paisajes a la carrera
  (se ha apuntado Carol).
- Pintura libre
  (nos hemos apuntado todos menos Carol).
- Pintura con los pies
  (seguro que Carmen y Lucía se han apuntado;
  ¡son expertas en el tema!).

DIARIO DE MANU

No me concentraba en clase de lengua.

A segunda hora comenzaban las competiciones.

Mi cabeza solo podía pensar en eso.

Sin que el profe Ramón se diera cuenta, he estado practicando retratos suyos en la libreta.

Me había salido bastante parecido.

Cuando se lo he enseñado a Álex, se ha partido de la risa.

Le ha venido bien, porque hoy estaba muy serio.

Por culpa de sus carcajadas, a mí casi me pillan.

DIARIO DE ÁLEX

En cuanto hemos salido al patio para buscar la mesa de nuestra prueba, dos niños de sexto se han acercado a preguntarme por el teléfono. ¿Pero cómo pueden correr tan rápido los secretos?

–Oye, yo también quiero jugar a eso de los portales. ¿Me lo puedes explicar? –ha preguntado el más alto como si fuésemos amigos de toda la vida.

–¡Lo siento, no tiene tiempo! –me ha librado Carol, volviendo a echar a correr.

Mi amiga tiene un radar secreto para sacarte del peligro. Yo no quería pensar más en el móvil, quería pensar en la medalla. Y a poder ser, una de oro.

DIARIO DE CAROL

A ver, a mí la carrera de problemas se me ha dado fenomenal. He acabado la segunda, justo después de una niña de sexto, y cuando los profes han comprobado los resultados, una enorme sonrisa en la cara del profe Ramón me ha desvelado la verdad.

Tengo una medalla de plata. ¡Tengo una SUPERMEDALLA DE PLATA!

Está clarísimo que las matemáticas se me dan fenomenal.

En la carrera de relevos con cuentas, Erika y yo también nos hemos lucido, pero Manu se ha atrancado un poco y Álex no ha tenido su mejor momento, así que hemos quedado octavos. Pero bueno, que tampoco está mal, ¡porque participaba casi todo el colegio!

Estaba tan emocionadísima que creía que en las competiciones de plástica iba a triunfar como una estrella del rock. ¡Qué vergüenza! En la prueba de paisaje a la carrera solo tenía cinco minutos, y he hecho un paisaje que parecía... ¿Que qué parecía? ¡No parecía nada de este mundo ni del otro! Era como una pradera de Marte, pero vista bocabajo (eso ha dicho Álex para intentar animarme).

Claro, él estaba de muy buen humor porque ha conseguido la medalla de bronce en el duelo de retratos contra uno de sexto que no dejaba de preguntarle por su móvil.

¡Y Manu ha ganado la medalla de plata en la prueba de dibujo libre! Ha pintado un castillo tan realista que parecía que podías entrar en su interior y tocar cada uno de sus ladrillos.

A mí el collage se me ha dado mejor que el paisaje, aunque no he conseguido mucho porque las herramientas eran una pena. ¡Si me hubiesen avisado, me habría traído mi caja de *scrapbook*! Erika tampoco ha quedado muy bien situada, y eso que ha hecho una tortuga impresionante.

DIARIO DE MANU

El profe Ramón nos ha recibido a última hora con la canción *We Are the Champions.*

La verdad es que nos ha subido el ánimo.

Y eso que algunos estaban de morros por no haber ganado nada.

Erika dice que hay que ser elegante cuando se pierde.

Ella no ha ganado hoy y estaba tan feliz como siempre.

Sin cara de beso ni nada.

Creo que es de las pocas personas que lo piensan de corazón.

El profe Ramón ha hecho el recuento de las medallas de la clase y me he quedado de piedra.

¡No me quito la camiseta de la suerte en toda la semana!

DIARIO DE ERIKA

N.º DE MEDALLAS DE LA CLASE
DEL PROFE RAMÓN: 7

El corazón se me ha hinchado como un globo gigante. El profe dice que nuestra clase es una de las que más medallas tienen porque somos muy buenos trabajando en equipo.

–Descansad esta tarde –nos ha dicho como uno de esos entrenadores de las películas que, en vez de machacar a sus jugadores, les regalan toneladas de confianza pura–. Mañana toca inglés y música. ¡Y en eso sois espectaculares! Os he oído decir *hello* con tanta perfección que se me ponen los pelillos de los brazos de punta, y cantáis el *Cumpleaños feliz* como auténticos ángeles. ¡Ánimo, chicos!

Justo en ese momento ha sonado el timbre. Ha sido tan emocionante que me han dado ganas de regalarle una de mis lechugas.

DIARIO DE ÁLEX

Tú te crees que, con siete medallas en las olimpiadas, tus amigos se van a olvidar de tu teléfono, pero en cuanto toca el timbre, un niño rubio con cara de guisante feliz se abalanza sobre ti.

Ese niño era Manu, y quería acompañarme a buscar portales mágicos hasta la esquina donde nos recogía mi madre. Le dije que vale, pero con la condición de que no sacábamos el móvil hasta que no nos siguiese ningún niño del colegio. No me gusta sentirme como una nave espacial perseguida por millones de cazas pesados.

Carol y Erika también se han apuntado. Manu estaba tan ilusionado que hasta le he dejado el teléfono a él, incluso aunque Julio me haya mirado cual alienígena traidor.

Y la verdad es que conquistar los portales en equipo tiene bastante más gracia. Carol le ponía muchísima emoción y lo iba retransmitiendo todo como si fuésemos espías en terreno rebelde buscando el punto débil del enemigo.

–Avanzamos en el silencio de la noche –decía aunque pegase un solazo impresionante–, agazapados, buscando un refugio antes de lanzarnos sobre el siguiente portal. Cualquiera puede ser un miembro de la Resistencia, nuestras vidas corren un peligro mortal. ¡Pero somos los agentes secretos de la Lupa y nada nos va a detener!

Lo estaba haciendo tan bien que se me había olvidado que existía el juego de verdad.

Pero claro, en cuanto nos hemos despedido y nos hemos montado en el coche, he vuelto a la realidad. Mi padre acompañaba a mi madre con un rostro brillante de la expectación.

–¿Cómo ha ido el día, soldados? –ha preguntado nada más ponernos el cinturón.

Entonces Julio ha empezado a contarle lo genial que es Carol y le ha dado tantos detalles que creo que mi padre va a ficharla para la tropa.

Y lo peor es que esta tarde no nos han puesto deberes y seguro que nos toca volver a patearnos el barrio comprobando los portales.

–Así hacéis deporte –ha dicho mamá tan pancha–, que no os viene mal.

Cuando hoy caiga en la cama, voy a soñar con móviles gigantes y asesinos. ¿No habrá algún remedio jedi para las pesadillas?

DIARIO DE MANU

¡Que yo no soy un pesado!

¿De qué sirven las hermanas si no te hacen ni caso cuando estás ilusionado con algo?

Carmen solo quería hablar de su medalla en restas, y Lucía, de su medalla en los problemas.

Pero yo no.

Yo quería hablar del juego de los portales, de la malvada Resistencia, del padre de Álex, de...

Pues no.

¡Me han dado un corte y me han dejado con cara de patata!

He tenido que buscarme otras cosas que hacer.

Así que he llamado a Álex para saber cómo les iba.

Pero no había nadie en casa.

Seguro que están conquistando portales por ahí.

Y yo estoy aquí, muerto de asco.

Me he ido a la cama el primero para que sea pronto por la mañana.

Quiero más portales.

Y más medallas.

DIARIO DE ERIKA

–Tu amigo Álex es un friki como tú –ha sido el comentario de Jaime cuando he contado en casa lo del juego de los portales.

Bien que se ha metido conmigo, pero luego lo he oído pidiéndole a papá el teléfono para descargarse la aplicación. Seguro que se hace de la Resistencia solo para fastidiarnos. A mí me da igual su vida de tristeza y enfados. No voy a dedicarle ni una línea de diario más.

Después de regar mis macetas, me he pasado la tarde ensayando la canción que voy a cantar mañana con Carol. Seguro que Álex y Manu se han olvidado, pero yo voy a hacerlo lo mejor que pueda.

Antes de cenar, he llamado a mi amiga para hacer un ensayo telefónico.

–Tenemos que conseguir esa medalla, Erika –me ha dicho ella muy convencida–. Los otros niños del conservatorio van a actuar en solitario, y nosotros como grupo llevamos ventaja.

Después ha insistido en que nos teníamos que vestir igual, pero yo le he recordado que Manu no se quiere quitar la camiseta de la suerte en toda la semana.

–Entonces, todos nos ponemos vaqueros y camisetas blancas con algún dibujo –ha ordenado con esa voz de jefa que pone cuando nadie le puede llevar la contraria.

Creo que está muy nerviosa con lo de las medallas. Le he dicho que se hiciese una infusión relajante antes de irse a la cama. Mamá las prepara muchas noches, pero sobre todo en invierno, porque ahora pegan un calor que luego tienes que dormir con la ventana abierta.

¡Huy! Ventana abierta... ¡Seguro que a las macetas de mi huerto les encanta! Espero que no se resfríe Coliflor.

DIARIO DE CAROL

Lo tengo clarísimo: mañana lo vamos a hacer fenomenal. Erika entona incluso mejor que la abuela Pili. Con que Álex y Manu se centren en la coreografía, tenemos la medalla asegurada. Cuando cierro los ojos, veo el oro reluciente al alcance de mi mano.

¡Voy a soñar con medallas brillantes y con el mejor concierto de mi vida! La abuela dice que querer es poder. ¡Y yo quiero ganar! Así que no habrá quien se resista a la versión musical de la Lupa.

MARTES 31 DE MAYO

DIARIO DE ÁLEX

En plena madrugada, una voz se alza en el silencio de la galaxia. Es un grito desgarrado... de mi padre.

–¡Malditooooooooooos!

No es que tuviese una pesadilla, no. Tampoco es que pensase en mi hermano Mario y en mí, que nos habíamos dejado los calzoncillos detrás de la puerta del baño ayer al ducharnos (a mí se me olvidaron, que conste; Mario aprovechó la oportunidad para ser un guarro). No es que un ejército de mosquitos asesinos lo estuviesen acribillando como las tropas enemigas del espacio, no. Era mucho peor.

La Resistencia había conquistado los dos portales que hay en nuestra calle y papá lo había descubierto a las seis de la mañana. Desde el balcón.

Tras su grito se escuchó un portazo, y yo creo que mi madre lo encerró en la terraza durante un buen rato, pero en el desayuno lo ha desmentido.

Mi padre miraba su café solo con el ceño fruncido mientras Julio nos deleitaba con su típica exhibición mañanera: comer crispis hasta con las orejas. ¿Cómo puede un hermano acabar el desayuno como si le hubiese explotado una caja de cereales encima?

No lo sé, pero lo he visto con mis propios ojos robóticos.

Mamá se apiadó de nuestro pobre capitán y le dio un abrazo de esos que nos hacen dejar de mirar. Y luego soltó una bomba galáctica que, la verdad, no me esperaba de ella después del fin de semana que habíamos tenido.

–Ya que estamos todos despiertos y por circunstancias especiales es un poco más temprano de lo normal... ¿por qué no salimos y reconquistamos los portales del barrio?

Las circunstancias especiales estaban claras: era culpa de la Resistencia. Antes de que Mario y yo nos negásemos indignados, Julio se había subido a la silla y bailaba como si ya hubiésemos conquistado la galaxia.

–¡Los Iluminados, al poder!

Da miedo, en serio. Pero a mi padre se le pusieron unos ojos de estrellas fugaces que cualquiera se negaba a seguirle.

Sé que mi madre lo hizo por el bien de nuestra familia. Porque una familia unida en la lucha galáctica permanece unida en la paz interplanetaria, pero... ¡menudo tostón de mañana!

Y lo que es peor: nos llevamos un chasco tremendo.

–Han... los rebeldes... han conquistado... –balbuceaba mi padre, sujetando su teléfono con manos temblorosas, mientras amanecía.

Nos miraba a todos como un hombre abandonado en Marte. Era incapaz de decir la frase entera.

–Todo el barrio es del equipo azul –resumí yo, dejando claro que el fin de semana de patearnos las calles arriba y abajo no había servido para nada.

–Entonces, ¿hemos perdido? –preguntó Julio con lagrimillas en los ojos (y sí, tiene muy mal perder).

DIARIO DE ERIKA

Hoy he soñado que iba caminando descalza en medio de la nieve y que tenía los pies helados. Pero claro, es que dormí con la ventana abierta para que mis macetas estuviesen contentas.

Menos mal que una taza de leche caliente recupera a cualquiera. Le he echado una cucharadita de miel por si acaso. Carol me condenaría al destierro eterno si llego hoy a clase con dolor de garganta por culpa de mi huerto.

Estaba tan tranquila concentrada en mi desayuno cuando Jaime ha entrado en la cocina con unas ojeras terribles pidiéndole el teléfono a mamá.

–Tienes cara de vampiro –le he dicho como si le diese los buenos días.

–Y tú cara de Eriza y nadie dice nada –ha respondido.

¿Por qué siempre me deja chafada con sus frasecitas? Tengo que entrenar de alguna manera mi cara de me-da-igual-lo-que-me-digas.

–¿Para qué quieres el teléfono otra vez? –le ha preguntado mamá desde detrás del libro al que está enganchada desde antes de ayer–. Anoche me gastaste toda la batería.

–Para mirar una cosa...

Claro, como mamá estaba concentrada en la novela, le ha dado el móvil sin más y yo me he quedado sin saber qué cosa quería mirar. Y no es que me importe demasiado, pero Jaime conoce todos mis puntos débiles y me gustaría tener un poco de información privilegiada para que me dejase en paz. ¿Se ha echado una novia y se ha pasado la noche mandándole mensajes con corazoncitos? Es lo que hace el tío Rodolfo, que yo lo he visto.

Mi curiosidad ha pasado más hambre que Coliflor cuando le ofrezco pepino en vez de lechuga. Pero al final se me ha olvidado, porque Manu ha llamado a casa y me ha hecho una pregunta extrañísima:

–¿Tú has visto mi camiseta de la suerte?

DIARIO DE MANU

¿Dónde demonios está?

Ayer me quité la camiseta de la suerte y la puse encima de la silla.

Todo el mundo sabe que la silla del escritorio es el sitio perfecto para dejar la ropa.

Nada se pierde si lo dejas ahí.

Las perchas son para cobardes.

Entonces, si yo la dejé ahí, perfectamente estirada... ¿dónde está?

Álex podría decir que se la ha llevado una nave extraterrestre.

Pero yo sé que es una mano humana la que se esconde detrás de esto.

Cuando le he preguntado a mi madre, me ha dicho la mar de tranquila que seguro que estaba en mi silla, que mirase bien.

Pero ahí no estaba.

Ni tampoco en la percha del armario.

Ni detrás de la puerta del baño.

Ni en el cajón de la cómoda.

Ni en el cubo de la ropa sucia (idea de Carmen).

Ni en la mochila del cole (idea de Lucía).

He llamado a Erika preocupado, por si ella tenía alguna otra idea, pero nada.

¿¿¿Qué voy a hacer ahora???

¡No conseguiré ninguna medalla!

Estoy seguro de que la dejé en la silla.

Más que seguro.

¿Ha entrado un ladrón en mi casa y se ha llevado solo mi camiseta?

¿El ladrón será alguien de mi propia familia?

No sería la primera vez que «el culpable está entre nosotros».

¿Quién estaría interesado en mi camiseta de la suerte?

¡Carmen y Lucía!

Para que no gane más medallas que ellas.

No voy a quitarles el ojo de encima durante todo el día.

No se me olvida eso de que un hermano siempre es el primer sospechoso.

Ahora me voy a clase.

¡Pero esto no quedará así!

DIARIO DE CAROL

Nada más sacar un pie de la cama, he ido rapidísimo hasta mi guitarra y le he dado un beso de buenos días. Hay que cargar el mundo de energía positiva (eso dice mi abuela Pili), y yo pienso cargar mi guitarra de la mejor energía que existe: ¡la del AMOR!

¿Y qué será lo siguiente? Pues ganar la medalla de oro de música, lo tengo clarísimo.

Cuando me he lanzado al cuello de mi madre para darle un abrazo de mañana de martes, ha puesto cara de mamá pato y le ha entrado la risa. ¡FENOMENAL! ¡Más energía positiva! Y si a eso le sumamos las tostadas de queso y miel que me ha preparado mi padre (¡de rechupete!), tenemos un resultado de buena suerte TOTAL.

No voy a necesitar buena suerte porque he ensayado mucho, y el trabajo duro es más seguro que la suerte (eso dice mi padre), pero, por si acaso, he ido al cole canturreando e imaginándome que ya tenía la medalla brillando en mi pecho.

Al llegar, creía que me iba a encontrar con tres amigos superpreparados, todos con camisetas blancas y vaqueros, pero lo que me he encontrado ha sido lo siguiente: dos caras de patata y una cara de pan. ¡Ah! Y una camiseta roja, la de Manu.

–¿Por qué tenéis esa cara de patata? –nos ha preguntado Carol a Manu y a mí nada más llegar–. ¿Y tú por qué llevas una camiseta roja? –ha añadido (ya solo a Manu).

Mi cara no era de patata... Bueno, a lo mejor sí, pero hasta la mejor nave espacial puede sufrir una explosión en sus motores. Mis baterías robóticas estaban por los suelos, porque mi padre (y nosotros, que somos sus tropas) había perdido todas las conquistas del fin de semana. ¿Teníamos que rendirnos? No lo sé. Una parte de mí quería abandonar esa galaxia llena de trabajo conquistador, pero otra parte de mí despertaba con energías renovadas, como un agujero negro oculto a punto de salir a la superficie.

–Empiezas a cogerle el gustillo a la conquista –me ha dicho Julio de camino al colegio, mientras reforzábamos los portales que habíamos conseguido ayer y que aún seguían siendo nuestros.

Así que sí, hoy también me había llevado el teléfono a clase. Y sí, tenía cara de patata. Pero la de Manu era más patata que la mía...

DIARIO DE MANU

¿Cara de patata?

Pues sí.

¿Camiseta roja?

Pues también.

Quiero una reunión en el banco del salchichón.

URGENTE.

Es tarea de la Lupa descubrir el paradero de mi camiseta de la suerte.

¿¿¿Cómo voy a participar en las olimpiadas sin mi camiseta de la suerte???

DIARIO DE ERIKA

El timbre ha sonado justo cuando Manu ha pedido una reunión de la Lupa en el recreo, y ya no hemos podido hablar de nada más porque había varios niños de sexto acercándose a ver si Álex había traído su móvil.

Son unos pesados, como si no viesen teléfonos a todas horas por todos lados. ¡Allá donde mires hay uno!

Carol nos ha dado un abrazo infinito a cada uno antes de que nos sentásemos en nuestros sitios.

–Concentraos. Hay que cargarse de energía positiva, la necesitamos –nos ha dicho sonriendo mucho, como si se hubiese comido una sandía y se le hubiese quedado atrancada en la boca.

La verdad es que daba un pelín de miedo

El profe Ramón ha aparecido con un sombrero, un bastón y un traje de chaqueta verde a cuadros que parecía hecho de tela de sofá. ¿Es que hoy había que venir disfrazado? Luego ha empezado a hablar en inglés como la seño Gema y a decir *my dear* cada dos por tres.

–¡Con mi camiseta de la suerte me enteraría, jolines! –se ha quejado Manu a mi lado, apretando mucho los ojos como si así fuese a escuchar mejor.

No sé si mi amigo se enteraría o no, pero yo no me estaba enterando de nada y no se me da mal el inglés. ¡No había quien pillase ni media palabra con lo rápido que iba!

Entonces Carol, con todo su morro, se ha levantado de la silla y se le ha abrazado diciendo:

–¡Vuelve, profe! *We miss you...* –con voz de madre cuando estás resfriado.

Creía que me daba un ataque de risa al ver la cara de panceta que se le ha quedado al profe Ramón. Estaba como congelado, pero en cuanto se ha empezado a reír sabíamos que nuestro profe había regresado.

–¡Gracias por salvarme, Carol! –ha dicho–. Creo que el fantasma de un viejo inglés me había poseído.

DIARIO DE CAROL

Dicen que el profe Ramón está loquísimo, pero yo creo que toda esa locura es felicidad convertida en persona. Por eso me encanta y también le encanta a la abuela Pili. Cuando le cuente todo lo que ha hecho hoy el profe, se partirá de risa.

Hemos tenido las pruebas de inglés hasta la hora del recreo y no nos han salido nada mal. Erika ha conseguido su primera medalla: un bronce en *pronunciation.* Es muy graciosa porque pone (¡casi!) una boca de beso y una voz de dibujo animado alucinantes. Creo que a ella sí que se le mete un espíritu inglés en el cerebro cuando habla.

Después del recreo teníamos las pruebas de música y yo quería ensayar un poco, pero Manu quería su reunión de la Lupa y no había forma de hacerlo entrar en razón. ¿Cómo puede un amigo ser tan cabezota? ¡Su camiseta de la suerte no tiene la culpa de eso!

DIARIO DE MANU

Me da igual que Carol se ponga tiburona.

La canción de las olimpiadas nos sale de maravilla.

Lo importante ahora es el robo de mi camiseta.

Eso mismo les he dicho en cuanto nos hemos sentado con los bocatas en el banco del salchichón.

¡Quiero que abramos un nuevo caso de la Lupa!

El caso del robo de la suerte.

DIARIO DE ÁLEX

Nada más escuchar a Manu, un sensor luminoso ha empezado a encenderse en mi cabeza robótica y una alarma de ultrasonido me ha atravesado el cerebro a la velocidad de la luz. Un nuevo caso para... los detectives de la Lupa... ¡Eso es! ¡Tenía la idea definitiva!

–¡El caso del misterioso conquistador de portales! ¡El caso del ladrón de energía cósmica! –he empezado a gritar, viéndolo claro por primera vez en toda la semana.

Así mi padre volvería a recuperar la calma y no nos haría andar a todas horas. Y así conseguiríamos dormir hasta que sonase el despertador y no hasta que él gritase «¡Traición!» a las cuatro de la madrugada.

Si logramos descubrir quién es el jugador del equipo azul que está robándole los portales a los Iluminados, ¡no tendré que recorrerme todo el barrio cada dos por tres!

DIARIO DE MANU

¡El caso del robo de la suerte!

DIARIO DE ÁLEX

¡El caso del ladrón de energía cósmica!

DIARIO DE MANU

¡El caso del robo de la suerte!

DIARIO DE ÁLEX

¡El caso del ladrón de energía cósmica!

DIARIO DE MANU

¡El caso del robo de la suerte!

DIARIO DE ÁLEX

¡El caso del ladrón de energía cósmica!

DIARIO DE ERIKA

Entonces Carol se ha subido al banco del salchichón y ha levantado los brazos como si estuviese ayudando a un avión a aterrizar.

–¡El caso de la medalla de música! –ha chillado con todas sus fuerzas.

Ha mirado hacia nosotros medio patio del recreo, y Jaime, que estaba con su pandilla un poco más allá, se ha empezado a partir de risa señalándonos. Pobrecito, se aburre tanto con sus amigos que tiene que divertirse con nosotros...

Álex y Manu se miraban como si estuviesen echando un pulso chino de pulgares, y yo miraba las últimas migajas de mi bocadillo pensando que podía habérmelo hecho un poquito más grande.

–Hagamos un pacto –ha dicho Carol poniendo un poco de paz–. Manu, cuando llegues a casa, mira a ver si tu camiseta de la suerte está en la

cesta de la ropa sucia o en la lavadora, y si no, pues... –se lo ha pensado un poco antes de decirlo– en la basura.

Se ha hecho un silencio terrible con esa última palabra. Hasta he escuchado cómo se movían las hojas del árbol del salchichón por la brisa.

–La mayor sospechosa es tu madre –ha continuado Carol, pero parecía un poco incómoda diciendo en alto sus sospechas (y las de todos, en realidad).

Luego ha bajado del banco y ha rodeado a Manu con un brazo. Entonces nos ha contado con voz trágica que su madre le tiró una vez un tutú de ballet porque estaba lleno de agujeros.

–A mí me tiró mis calcetines de Spiderman porque tenían un tomate –ha confesado Álex, y ha sido como si le pidiese perdón a Manu con sus ojos de camarada.

Todos me han mirado esperando que yo dijese que mi madre me había tirado algo, pero es que normalmente nos ponemos de acuerdo y llevamos la ropa al Cáritas que hay cerca de su trabajo.

–A mí me tiró un lápiz mordido –me he inventado un poco, porque en realidad fui yo la que lo tiré.

Carol ha arrugado un poco la nariz, pero después ha asentido y ha seguido contándonos su plan para que dejásemos de discutir.

DIARIO DE CAROL

Era una tontería ponerse a pensar en el caso cuando había una prueba de fuego para la Lupa justo delante de nuestras narices. ¡Teníamos que conseguir esa medalla! Así que le he dicho a Manu que vigilase a su madre y a Álex que podíamos quedar esta tarde para conquistar portales. Si mañana siguen siendo del equipo verde (que es el de su padre), pues eso quiere decir que el jugador de la Resistencia (que es del equipo azul) solo pasó por su barrio de casualidad y nunca más volverá a robarles su territorio.

No es que no quiera empezar un caso, ¡a mí me encantan los casos de la Lupa! ¡Soy la detective número UNO de nuestra pandilla! Pero es que necesitábamos estar concentrados en lo importante, y con tantos enfados y preocupaciones habíamos perdido toda la energía positiva de la mañana.

Menos mal que tomé el control de la situación y conseguí que un abrazo de grupo, de esos que empiezan muy bien y terminan con alguien ahogado o aplastado, nos devolviese la felicidad más absoluta.

Cuando sonó el timbre del final del recreo, entramos con las cabezas bien altas en el salón de actos, que es donde se jugaban las olimpiadas de música. Nada más sentarme, empecé a notar que tenía la barriga llena de hormigas que corrían de arriba abajo. Pero es que, además, las piernas se me pusieron a temblar como el flan de huevo. Nunca, JAMÁS, me he puesto nerviosa antes de una actuación. ¡Pero es que no habíamos ensayado lo suficiente!

Menos mal que Erika me dio la mano para tranquilizarme. Y es que Erika tiene unas reservas de energía positiva que envidia le darían incluso a la abuela Pili.

Al final, cuando nos ha tocado, no quedaba ni media hormiga en mi barriga. Nos hemos subido al escenario como si lo llevásemos haciendo toda la vida. Todos menos Álex, que tenía cara de amenaza fantasma. Nos ha salido fenomenal. ¡Ojalá me hubiese visto mi profe de guitarra! El público ha aplaudido tan fuerte que hasta me dolían los oídos.

Y, por supuestísimo, ¡nos hemos llevado la medalla de oro! ¡QUÉ ILUSIÓN! Aunque yo no lo dudaba para nada...

DIARIO DE MANU

El profe Ramón nos ha puesto un punto extra de creatividad por nuestra actuación.

Además de la medalla.

Cuando hemos salido de clase, Carmen me ha mirado como si ya no fuéramos mellizos.

Mi hermana quería la medalla de música por su canción en inglés.

Pero eso que ella canta no es inglés.

Tendría que haber dicho que iba a cantar en un idioma inventado.

Así, seguro que se habría llevado la medalla de plata por lo menos.

He intentado animarla un poco durante la comida.

Y luego he comprobado todos los sitios que me había dicho Carol Tiburona antes de que nos reuniéramos a las cuatro en casa de su abuela.

La abuela Pili vive cerca de Álex.

Hemos quedado todos para conquistar portales antes de que Carol se vaya a clase de guitarra.

Pero antes...

Sitios registrados en la guarida de los ladrones:

- Cesto de la ropa sucia: nada (bueno, ropa sucia, pero de mi camiseta nada).
- Lavadora: nada.
- Basura de la cocina: nada.
- Basura del lavadero: ¡TODO!

Carol tenía razón.

Mi madre es una traidora.

No pienso decirle ni una palabra.

A ver qué cara pone mañana cuando me vea en el desayuno con mi camiseta de la suerte.

DIARIO DE CAROL

La abuela Pili me ha recogido del cole y hemos ido a su casa, donde me esperaba un auténtico manjar: berenjenas rellenas con tomate y atún recubiertas de kilos y kilos y kilos de maravillosísimo queso fundido. De lo ricas que estaban, ni siquiera me acordé de los huevos fritos con patatas que le había pedido. ¡Mi abuela Pili es la mejor! Cuando le he dicho que había quedado con la Lupa para dar una vuelta por el barrio, se ha puesto a hacer un bizcocho de zanahoria para que pueda invitar a merendar a mis amigos antes de ir a guitarra.

¿Así cómo no voy a tener energía positiva? Le he contado lo de la medalla de música y estaba contentísima: se ha hinchado de orgullo como un pavo real de plumas fosforito. Es genial hablar con la abuela Pili porque te deja charlar y charlar sin parar, como si escuchara la radio (eso dice ella). Así que le he contado todas nuestras aventuras de esta semana: las olimpiadas escolares, el robo de la camiseta de Manu, las macetas de Erika, el juego de conquistas del padre de Álex...

Sobre las conquistas de los portales me ha pedido millones de detalles, pero es que, claro, mi abuela Pili y los móviles no son amigos de nacimiento. Ella no tuvo un teléfono con internet hasta hace dos años, cuando se lo trajeron los Reyes Magos, y puso cara de croqueta porque no sabía para qué lo quería. Creo que si la sacas de los mensajes y de las llamadas, se pierde un poco.

Cuando Álex ha tocado el timbre, todavía seguíamos en la cocina hablando de los Iluminados y de la Resistencia. ¡La cocina es el mejor sitio de la casa de los abuelos!

DIARIO DE ÁLEX

No me he atrevido a contarle a mi padre que los portales de la salida del colegio (los que reforcé esta mañana con Julio) habían sido tomados por la Resistencia. ¿Por qué? Simplemente porque nuestro capitán no habría disfrutado tanto de los

espaguetis con nata y bacon si se lo llego a decir. Julio lo ha entendido y me ha guardado el secreto.

–La Lupa se encargará de esto –le he dicho, y con eso se ha quedado contento.

Al contrario que Mario, mi hermano pequeño nos admira como detectives y de mayor quiere ser como nosotros. Sobre todo como Carol, porque dice que es la más lista del grupo. Yo creo que sus sensores de identificación de inteligencia están un poco alterados. Todos saben que mi olfato investigador es supersónico.

Cuando he llegado a casa de la abuela de Carol, le he contado a mi amiga que el colegio también había sido tomado por el enemigo.

–Huelo un buen caso, detective –ha dicho frotando las manos con energía y moviendo su nariz de sabueso.

Entonces ha sonado el timbre y hemos corrido escaleras abajo para lanzarnos a la conquista.

–¡Que no se os olvide el bizcocho! –ha gritado la abuela Pili mientras nos veía desaparecer–. ¡Venid luego a merendar y a contarme cómo os ha ido!

Las luchas intergalácticas interesan a cualquiera, eso está claro.

DIARIO DE MANU

Álex me ha dejado llevar su móvil otra vez y hemos ido conquistando y reforzando todos los portales de su barrio.

Íbamos corriendo.

Nos escondíamos detrás de un banco.

Saltábamos.

Nos agachábamos.

Todo eso mientras nos hacíamos con el poder de la energía cómica (o cósmica, ya no me acuerdo cómo era, pero Carol lo decía muy bien).

Pasada una hora, ya dominábamos todos los portales.

De la carrera, Erika tenía las mejillas de color rojo fresón.

Eso me ha hecho sonreír.

Y me ha recordado mi camiseta de la suerte.

DIARIO DE ERIKA

Mientras paseábamos buscando portales de color azul enemigo para volverlos verdes otra vez, Manu nos ha contado que ha encontrado su camiseta de la suerte justo en el peor sitio imaginable: la basura.

–Mañana por la mañana voy a resucitar al fantasma –ha dicho con cara de vaquero del oeste–. Cuando mi madre vea que me he puesto la camiseta, se va a quedar blanca como la niebla. El fantasma de su traición volverá para atormentarla.

Si yo fuese la madre de Manu, creo que no me daría cuenta, porque nunca me doy cuenta de las camisetas que se ponen los demás. Solo algunas veces, si son especialmente bonitas. Me fijo más en las caras porque me parecen más interesantes.

Y eso es lo que he hecho durante toda la tarde: fijarme en la cara de la gente que nos cruzábamos y que iba mirando el teléfono, por si ponían mirada de triunfo conquistador. Hubo un momento en el que había tanta gente mirando el móvil que parecía que el planeta Tierra no existía. O que había cambiado sin vuelta atrás. Ha sido tan escalofriante como darle con el pie a Coliflor cuando vas al baño por la noche.

DIARIO DE CAROL

¡Rápido, Iluminados, rodead ese portal antes de que se acerque el enemigo! ¡Soldado, vigila la retaguardia! ¡OH, NO, NOS HAN LOCALIZADO!

¡Corred como si la vida os fuera en ello! ¡Refuerza el portal! ¡Refuérzalo! (Todo eso lo decía yo, por supuestísimo).

DIARIO DE ÁLEX

Tú te crees que el juego del móvil de tu padre es una tortura sideral para tus pobres e inocentes pies, y entonces llega Carol y lo convierte en la mayor aventura de todos los tiempos. Yo pienso que con Carol podríamos jugar hasta sin teléfono; lo divertido es que lo cuente ella. Le sale genial. Menos mal que no juega con mi padre, porque entonces seguro que nos tocaría hacer turnos para dormir y nunca abandonaríamos la vigilancia del barrio.

Cuando mi amiga narradora se ha ido a su clase de guitarra, me ha dado hasta pena. Con lo bien que nos lo estábamos pasando... Hemos subido a despedirnos de la abuela Pili (y yo he cogido un trozo de bizcocho extra por si me fallaban las fuerzas al volver a casa).

–Puedes estar tranquila, abuela Pili de Carol: nuestro barrio es seguro ahora, pertenece a los Iluminados –le he dicho con orgullo de soldado galáctico.

Creo que ha respirado mejor después de mi confesión.

En casa, mi padre se ha puesto tan contento que ha hecho pizza para cenar.

–Pues, con tal de comer pizza, conquisto portales yo también –me ha soltado Mario por lo bajo.

Mi hermano mayor está usando el teléfono para hacerse fotos en el espejo del cuarto de baño y mandárselas a sus amigos.

Yo no lo entiendo. ¿A quién le importa cómo sean los azulejos de tu cuarto de baño? A mí me daría un poco de vergüenza que viesen mi champú o las cortinas de *La guerra de las galaxias* de la ducha (por muy guays que me parezcan). Vamos, que mucha foto pero poca conquista; seguro que Mario no ha abierto el juego ni una sola vez. De un hermano mayor no se puede esperar fidelidad a la galaxia.

Julio, en cambio, se ha acercado a hablar conmigo cuando me lavaba los dientes.

–¿La Lupa va a descubrir al rebelde de la Resistencia que nos ha robado los portales? –me ha preguntado con una voz tan esperanzada que parecía un alien abandonado en un asteroide.

–Bos benbarbarebos be bobo –le he dicho con ojos brillantes de emoción.

Pero el momento mágico se ha roto, porque no se ha enterado de nada, así que he escupido la pasta de dientes y lo he repetido para que quedase claro:

–Nos encargaremos de todo, hermano.

Lo de *hermano* no lo había dicho nunca, pero en las pelis queda muy bien y ha funcionado.

Creo que Julio dormirá hoy como un gato debajo de un radiador. Yo pienso hacer lo mismo. El barrio está tranquilo.

DIARIO DE ERIKA

Estaba tan tranquila en la cama, feliz con mis calcetines puestos y la brisa fresquita que entraba por la ventana, viendo las sombras de mis lechugas e imaginando la comida de Coliflor en su caparazón, cuando me ha asaltado un conjunto de ideas con olor a tomate podrido. Al principio no tenían nada que ver la una con la otra, pero luego han formado un puzle tan perfecto que me he tenido que levantar a escribirlo.

Conjunto de ideas

- Mamá ha llevado a Jaime al baloncesto.
- En la cena, mamá se ha quejado de que Jaime le ha vuelto a gastar la batería del móvil.
- Papá le ha preguntado que cómo va con «su juego» (ha usado justo esas palabras).
- Jaime entrena baloncesto en el polideportivo que hay en el barrio de Álex.

Puzle perfecto

Jaime ha gastado la batería del móvil de mis padres jugando al juego de los portales en el barrio de Álex, ¡conquistándolo todo!

¡Mi hermano es de la Resistencia! ¡Y seguro que lo hace solo por chincharme! ¿O me lo estoy imaginando todo? Puede ser solo una coincidencia, ¿no? ¿Por qué siempre creo que mi hermano es del bando azul enemigo?

MIÉRCOLES 1 DE JUNIO

DIARIO DE ÁLEX

–¡Nooooooooooooooooooooo!

Otro grito rompe el silencio de la madrugada y llega hasta las estrellas más lejanas haciendo que a la oscuridad se le pongan los pelos de gallina. A continuación, un tortazo resuena en mitad de la noche. ¡PLAS!

El grito vuelve a ser mi padre. El motivo vuelven a ser los portales. ¿El tortazo? El que le ha arreado mi madre porque estaba teniendo una pesadilla y papá le ha dado un susto de muerte con su chillido. Las camas de matrimonio son así.

Pero esta vez no había caras tristes en el desayuno, no había pena ni derrota. Nuestro capitán tenía las cejas tan juntas que parecían una sola ceja y un rostro de esto-es-la-guerra que solo le he visto cuando hacemos palomitas (porque dice que somos como hienas y comemos muy rápido).

–Hijos, los Iluminados os necesitan, las fuerzas del bien llaman a nuestra puerta –ha dicho, igual que Carol cuando se pone a narrar nuestras aventuras–. Os necesito.

Julio se ha levantado de un salto, tirando crispis por toda la mesa, y se ha puesto a las órdenes de mi padre.

Mi madre y yo hemos asentido con solemnidad (que es como con cara de sueño, pero intentando tomarte las cosas en serio) y Mario ha seguido tragando su tostada como si esa fuese la última barra de pan del planeta Tierra.

Entonces, papá se ha levantado también y ha dicho una cosa que me han dejado de piedra:

–Álex, necesito una reunión urgente con la Lupa.

Y luego ha añadido otra que me ha dejado más de piedra todavía:

–Mario, te doy veinte céntimos por cada portal que conquistes esta tarde.

¡No es justo! Yo también quiero veinte céntimos por portal conquistado. Lo he dejado muy claro, imitando la cara de beso de Erika y todo, pero mi padre no ha dado su brazo a torcer.

–No necesito a la Lupa para que cace portales; necesito a la Lupa para investigar.

Y entonces he oído la alarma de mi cuarto (sí, esa que no servía de nada desde que tenía un padre Iluminado en casa).

DIARIO DE CAROL

Nada más sonar el despertador, he recordado la cara de orgullo de mi profe de guitarra cuando ayer le conté lo de la medalla de música, y se me ha puesto una supersonrisa de oso panda.

Hoy voy a esforzarme al máximo por ser el orgullo del profe Ramón y el orgullo de mi casa. Papá se ha reído cuando se lo he confesado en el desayuno. No necesitas conseguir medallas para que nos sintamos orgullosos de ti (eso ha dicho él). Yo sí las necesito (eso lo he dicho yo). Bicho, que no se te suban las medallas a la cabeza (eso lo ha dicho mamá).

Mamá a veces tiene una sabiduría parecida a la de la abuela Pili, pero todavía no suena tan profunda como ella.

Todo el camino al colegio he estado pensando en las medallas, en si valen o no valen, en si sé perder o no... Vamos, que le iba dando tantas vueltas a la cabeza que me he chocado con la puerta al entrar en clase. ¡Menos mal que Manu y Erika ya tenían un ataque de risa y así no se han reído de mí!

DIARIO DE MANU

Carmen dice que he puesto sonrisa de lobo cuando he bajado de la litera.

Yo no creo que sea sonrisa de lobo, es sonrisa de plan.

He sacado la camiseta de la suerte del cajón donde la había escondido y he sido el primero en vestirme.

Por poco doy la luz de la cocina yo, pero mamá ya estaba allí preparando la leche.

De espaldas a mí.

Me he quedado en la puerta y le he dicho: «Buenos días, mamá».

Ella me ha respondido: «Buenos días, cariño».

Y se ha dado la vuelta.

Lo he visto todo a cámara lenta.

Se ha girado muy despacito y ha clavado sus ojos en mi camiseta.

En la camiseta de la suerte que estaba en la basura.

Podía haber tenido dudas sobre si había sido Carmen.

Podía haber tenido dudas sobre si había sido Lucía.

Podía haber tenido dudas sobre si había sido mi padre.

Incluso me sentía un poco mal al dudar de la inocencia de mi madre.

Pero entonces vi su cara.

Era de color verde ladrón.

Y ese color lo conozco muy bien.

¿Iba a rogarme que la perdonase por sus terribles maldades?

¿Me recompensaría con una bolsa de mis gusanitos preferidos o me invitaría al cine?

Eso creía yo en mis mejores sueños.

Pero lo que ha pasado ha sido muy distinto.

Mi madre ha señalado mi camiseta de la suerte, ha mirado la basura, me ha mirado a mí...

¡Y le ha dado un ataque de risa!

¡No hay derecho!

«¡Ladrona de camisetas!», le he soltado, tan indignado que me echaban fuego las orejas.

Y entonces ella ha espurreado la leche de la risa.

Hasta ahí he aguantado.

¡Yo también me he tenido que reír!

Había leche por todas partes.

Era una asquerosidad.

Cuando se lo he contado a Erika, le he hecho una imitación tan buena que se le han llenado los ojos de lágrimas de risa.

DIARIO DE ERIKA

La risa de Jaime no puede ser más falsa. He observado todos los pasos de mi hermano esta mañana, he sido como una espía siguiéndolo por toda la casa sin que se diera cuenta.

Lista de las cosas más sospechosas que ha hecho Jaime

- Pedir mermelada en vez de aceite y tomate para sus tostadas (es una novedad en su dieta).
- Fingir que se lavaba los dientes sin lavárselos (simplemente, lo sé).
- Coger el móvil de papá mientras él preparaba los bocatas del recreo.
- Ir con el móvil de mamá hasta la ventana mientras ella estaba en el baño.
- No llamarme Eriza ni una sola vez.

Ha estado raro hasta en el autobús del cole, cuchicheando con un chico de su clase con el que nunca habla. Al principio no entendía por qué, pero luego he visto la mayor de las evidencias: ese niño tenía un teléfono y los dos lo estaban mirando.

Así que la buena noticia es que Álex no es el único con móvil en el colegio, y la mala es que mi hermano es sospechoso de formar parte de la Resistencia.

Estaba a punto de contárselo a Manu, después de que terminase de imitar la cara que había puesto su madre esta mañana, cuando Carol ha hecho su entrada triunfal chocándose con la puerta.

Pero ¿dónde se había metido Álex?

DIARIO DE ÁLEX

Tú te crees que todos los portales que conquistaste y reforzaste de camino al colegio van a ser del enemigo, pero entonces te bajas del coche de la mano de tu hermano y descubres que no. Que siguen siendo tuyos, que por un día puedes guardar el teléfono en el bolsillo y andar como si fueses un ser humano más, normal y corriente.

Aunque, bueno, al ver a la gente con la que te cruzas, descubres que eres tú el raro por no estar mirando el móvil.

Hemos ido tan tranquilos que... ¡al final hemos llegado tarde! ¿Cómo no me han avisado mis alarmas robóticas? Julio ha puesto cara de alcachofa al ver que no había nadie por los pasillos. Y yo he entrado a clase cuando el profe Ramón ya estaba explicando las pruebas de lengua y educación física de las olimpiadas.

Me he sentado con las orejas como cohetes a punto de despegar. ¡Y yo que quería contarle a la Lupa que mi padre quería que tuviésemos una reunión! Le he escrito una nota a Carol:

Reunión en el recreo
en el banco del salchichón.

Ella se la ha pasado a Erika y luego a Manu, que me ha guiñado un ojo y ha señalado su camiseta con gesto victorioso. ¿Dónde la habría metido?

Carol me ha devuelto la nota escrita por detrás:

¿Ha atacado la Resistencia?

Yo he negado con la cabeza, pero disimuladamente, porque el profe Ramón me estaba mirando de reojo y ya había llamado bastante la atención por una mañana. Veía un negativo cruel sobrevolándome como un peligroso meteorito.

Manu, que no se enteraba de nada, me ha mandado una nota también. Ha aprovechado que el profe buscaba un boli en su cajón para lanzármela envolviendo la goma:

> ¿La Resistencia ha conquistado
> nuestros portales?

Iba a decirle que no cuando un bolígrafo ha volado directo a mi mesa, dándome un susto de muerte.

DIARIO DE ERIKA

Entonces, mi amigo ha dado tal salto que parecía que se había sentado en un cactus. ¡Pobre Álex! Ha puesto una cara de tortilla requemada.

El profe Ramón se ha acercado a su mesa para recoger el bolígrafo y se ha encontrado con las manos de Álex en nuestra masa (es decir, en nuestras notitas) y se las ha pedido como un policía te pide que bajes del coche en las películas.

Álex nos ha mirado con ojos de culpabilidad infinita.

–Ajá... Conque tenemos aquí un equipo de Iluminados... –ha dicho el profe Ramón, dejándonos a todos con la boca abierta.

DIARIO DE CAROL

ILUMINADOS (eso ha dicho el profe Ramón). Sus gafas brillaban como faros del espacio (eso lo ha dicho Álex luego) y nosotros nos hemos quedado como si nos hubiesen pasado un cubito de hielo por la espalda. ¡El profe sabe que hay un juego en el que participan la Resistencia y los Iluminados! No me he podido resistir y, antes de que dijese nada más, me he puesto de pie y se lo he preguntado.

¿Tú también juegas a conquistar portales? (esas han sido mis palabras más exactas).

Los compañeros de clase nos miraban como si estuviésemos hablando en ruso.

Eso nunca lo sabréis (ha dicho entonces el profe).

¡NO ME LO PODÍA CREER! ¿El profe Ramón era el enemigo?

DIARIO DE MANU

¿¿¿El profe Ramón???

¿¿¿Un rebelde de la Resistencia???

Nos hemos quedado más quietos que las estatuas de la plaza cuando se les suben las palomas en lo alto.

Hasta que nuestros compañeros han empezado a levantarse para ir a la biblioteca.

Yo no había pensado en toda la mañana en las olimpiadas.

Ni en las medallas.

Había pensado en la cara de mi madre.

Había pensado en los portales.

Pero en ese momento supe que el éxito estaba a mi alcance.

La Lupa se reuniría en el recreo y hablaría de todos sus planes.

Pero eso sería después de las pruebas de lengua.

Antes yo iba a escribir la mejor historia sobre portales planetarios y energías cósmicas que alguien hubiese leído jamás.

¿Lo conseguí?

La respuesta es sencilla.

Con tres palabras me basta.

Medalla de oro.

Y Erika, medalla de bronce.

Y eso que su redacción iba sobre lechugas.

DIARIO DE ÁLEX

¿Quién puede concentrarse en redacciones cuando una lucha planetaria está en marcha y tus personas preferidas pueden ser tus enemigas? El profe Ramón me había metido su frasecita en la cabeza y, cada vez que intentaba concentrarme, volvían sus palabras de color verde brillante, igual que sus gafas.

Cuando sonó el timbre del recreo, corrí al banco del salchichón para tranquilizarme, sin esperar a nadie. Tenía el corazón como una explosión en el espacio (que no suena, pero tiene consecuencias terroríficas) y me comí el bocadillo con tanta

prisa que parecía Mario cuando le da por hincharse a pan.

Y fue entonces, justo antes de que llegasen mis amigos, cuando vi algo que me hizo pensar que estaba en un laberinto sin salida: un chico de la clase de Jaime y Lucía apuntaba hacia la puerta del colegio con su teléfono.

¡Los móviles están prohibidos! ¿Cómo se atreve a intentar conquistar mi portal? Y yo me había dejado el teléfono en la mochila, dentro de la clase...

Comencé a sudar. ¿Estábamos rodeados de enemigos de la Resistencia?

En cuanto aparecieron Carol, Manu y Erika, me puse de pie en el banco del salchichón y grité:

–¡Hay que abrir un caso a la de ya!

DIARIO DE MANU

Caso: ~~El caso del ladrón de energía cósmica~~ El resistente ladrón de portales.

Escenario del delito: La Tierra (especialmente el barrio de Álex y las calles cercanas al colegio).

Arma: Un teléfono móvil.

Prueba del delito: Portales verdes que se vuelven azules.

Testigos: Desconocidos (que sepamos).

Primera pista: La Resistencia conquista los portales del padre de Álex (Iluminados) dos noches seguidas.

Primer sospechoso: Jaime (por tener un comportamiento raro con muchos teléfonos diferentes).

Segundo sospechoso: El profe Ramón (porque conocía el juego y se ha puesto de lo más misterioso).

Tercer sospechoso: El novio de Lucía (que también ha estado en contacto con Jaime).

DIARIO DE ERIKA

–¿El novio de Lucía? –le preguntó Carol a Manu, levantándose de un salto por la sorpresa.

Él negó con la cabeza como diciendo que no le preguntase más, pero Carol es Carol.

–¿Desde cuándo tiene novio? ¿Y para qué tiene novio? ¿Y él también es nuestro sospechoso?

¿Y por qué sale Lucía con él? No es que sea el más listo... Ni tampoco el más guapo...

Entonces yo salí al rescate de mi mejor amigo, porque Manu estaba poniéndose de color blanco cierra-la-boca.

–Carol, no son novios novios como los mayores –le expliqué–. Simplemente, uno le dice al otro que si quiere salir y el otro dice que sí y no vuelven a hablarse hasta que cortan.

Carol y Álex se quedaron congelados durante unos segundos mirándome y después miraron al sospechoso número tres, que ya había guardado su móvil y volvía con sus amigos. Buscaron entre la multitud a Lucía, que jugaba a la goma con sus amigas sin saber que estaba siendo espiada por los detectives de la Lupa. Luego nos miraron a Manu y a mí.

–¿Los preadolescentes están locos? –preguntó Carol arrugando la frente.

–No te imaginas cuánto... –respondió Álex, que tiene un hermano en el insti que, según él, se hace fotos con el bote de champú–. Chicos, tengo algo que contaros...

Entonces Álex nos contó lo de la reunión con su padre y nuestras almas de investigadores se despertaron de su largo sueño. Pero lo hicieron sin bostezos y sin estirarse, estaban totalmente listas para la acción. ¡Un mayor iba a contratar a la Lupa para investigar un caso importantísimo! ¡Un caso que iba a afectar a toda la galaxia! Mi cabeza empezó a alejarse de las olimpiadas y a imaginar la reunión con el padre de Álex.

La única que pudo concentrarse en las pruebas de educación física fue Erika, que se ganó una medalla de plata en la categoría de hacer el pino. Los demás parecíamos croquetas mareadas, no dábamos pie con bola.

Yo solo podía pensar en lo que nos esperaba por la tarde. ¿Debería ir vestida con mi gabardina de Sherlock Holmes, o eso sería pasarse un pelín? Seguro que solo nos íbamos a sentar en su salón y nos decía que teníamos que ayudarlo a conquistar portales. Ni siquiera pude disfrutar como se merecía del filete de pollo empanado que había preparado mi padre. Mi imaginación se llenaba de fragmentos de película que me iba montando yo solita.

Pero vamos, da igual, porque cualquier imagen que se me pasó por la cabeza nada tenía que ver con lo que pasó en la realidad. Mi imaginación se quedó cortísima.

DIARIO DE ERIKA

Por la tarde, Álex nos abrió la puerta de su casa con una mezcla de orgullo y vergüenza, como cuando sacas un diez y tu mejor amigo ha sacado un dos.

–Pasad al salón... –nos dijo apartándose a un lado.

El pasillo estaba a oscuras y el salón también. Todas las persianas estaban bajadas.

Era un poco inquietante, pero entonces se encendió una luz.

DIARIO DE MANU

¡Era la luz de un proyector!

Y en una pared blanca (de la que habían descolgado un cuadro) apareció la imagen de un portal enorme como los que veíamos en el móvil.

«Los Iluminados os necesitan, investigadores de la Lupa», dijo el padre de Álex con voz de comandante.

Miré a Erika, que tenía la boca abierta.

Miré a Carol, que tenía la boca abierta.

Miré a Álex, que tenía la boca cerrada.

Así que yo también he cerrado la boca.

¡Que trajesen las palomitas, que aquello solo podía mejorar!

El año que viene me voy a pedir un clon del padre de Álex para Reyes.

DIARIO DE CAROL

El padre de Álex empezó a enseñarnos un mapa del barrio y los lugares donde estaban los portales que había robado la Resistencia. Era como estar dentro de una película de esas que tienen ordenadores de cristal y la gente mueve las cosas con la mano como si apartase moscas. ¿Por qué no había llevado mi gabardina? ¡Habría sido genial!

El padre de Álex señalaba todas las fotos de los puntos clave con una cuchara de madera de la cocina (pero era fácil imaginarse que era un puntero profesional) y nos explicaba cuál era el camino que tomaban los rebeldes para conquistar los portales de los Iluminados. ¿Cómo había adivinado todo eso?

No lo sabíamos, pero era ALUCINANTE verlo. Julio, el hermano pequeño de Álex, lo ayudaba dándole a un botón del ordenador portátil para ir cambiando las imágenes. ¡Qué PASADA! Por un momento, solo podía pensar en lo que sería tener un proyector así en casa para montar un cine. Pero luego salió mi alma de detective y descubrí un patrón (que es cuando alguien hace algo siempre de la misma manera).

La Resistencia siempre conquistaba los portales de derecha a izquierda; es decir, terminaban justo en la calle de Álex. Ese era el final.

DIARIO DE ÁLEX

Tú te crees que tu padre es un padre friki que no puede sorprenderte más, pero entonces se engancha a un juego del móvil. Y después crees que ya no podrá hacer nada más espectacular, y entonces va y monta una reunión en el salón de tu casa que ni las fuerzas especiales del espacio podrían imitar.

Y tu madre prepara granizado de limón y sándwiches de pepino (eso segundo no lo entiendes muy bien, pero te los comes porque estás creciendo).

Para colmo, tu hermano pequeño parece un robot informático en miniatura y tu hermano mayor está en una misión de conquista energética (y encima remunerada, no como las tuyas, que son gratis).

En ese preciso momento, tienes dos opciones:

1. Morirte de la vergüenza.
2. Darlo todo y demostrar que eres tan friki como los demás.

Creo que la elección está muy clara.

DIARIO DE ERIKA

Mis ojos estaban reconociendo todas las calles y los portales del barrio de Álex, cuando nuestro amigo se ha levantado del sofá, se ha puesto delante del proyector (con la luz parecía un fantasma) y nos ha mirado a todos con rayos láser.

–Detectives de la Lupa –ha dicho, y su voz ha ido cogiendo la forma de una gran sonrisa de jedi–, jamás nos hemos enfrentado a un caso tan sideral como este. Las fuerzas del bien dependen de nosotros. ¡Descubriremos al ladrón de portales!

No me he podido resistir y me he puesto el sándwich de pepino en la boca para darle un aplauso.

Entonces Carol le ha tendido la mano al padre de Álex como si quisiese saludarlo. Él se la ha estrechado, algo confundido.

–Puede usted confiar en nosotros –le ha dicho Carol como si fuese la abogada defensora en un juicio–. La Lupa descubrirá lo que está pasando. Descanse tranquilo, ciudadano. La Resistencia no se nos resistirá. ¡Tenemos un caso que resolver!

DIARIO DE MANU

Pasos a seguir

- Detective Erika: interrogar al sospechoso Jaime.
- Detective Manu: interrogar a la sospechosa Lucía (no sobre su novio, sino sobre el teléfono de su novio, eso lo dejé muy claro).

- Detective Carol: interrogar al profe Ramón (con nuestra ayuda, mañana en el recreo).
- Detective Álex: investigar desde el balcón de su casa (hasta que lo mandasen a la cama, claro).
- La Lupa al completo: espiar a los vecinos del barrio de Álex (mañana por la tarde, antes de la clase de guitarra de Carol y mi clase de judo).

DIARIO DE ÁLEX

Mario ha llegado justo cuando se han ido mis amigos.

–Dos euros cuarenta, puedes comprobarlo –le ha dicho a mi padre extendiendo la palma de la mano.

–Estoy muy orgulloso de ti –le ha respondido mi capitán, dejándome anonadado.

¡Julio y yo nos mereceríamos bastante más que eso! ¡Hemos conquistado muchísimos portales y los hemos mantenido! He estado a punto de quejarme, pero mi hermano pequeño me ha mirado con ojos de pez.

–Mario está en el lado oscuro; tú y yo no –me ha susurrado.

¿De dónde se saca esas cosas? Vale, puede que papá y yo le hablemos demasiado de las fuerzas del espacio, pero ¿por qué se acuerda de eso en los momentos más delicados? Jamás lo comprenderé. Quizá venga con un programa sideral instalado en el cerebro.

El caso es que me he sentado en el balcón, dispuesto a espiar a todo el que pasara con un móvil. Pensaba que iba a ser una tarea demasiado fácil para mis ojos supersónicos, pero me había olvidado del supermercado de la esquina de mi calle. ¡Menudo trasiego!

Han pasado veinte mil vecinos con bolsas... ¡Hasta la abuela Pili! Y todos se han parado a mirar el teléfono por lo menos una vez.

Al final me he ido a la cama con una lista más larga que la Vía Láctea (llena de nombres de vecinos desconocidos). No sé, no sé. No creo que sirva para nada.

DIARIO DE ERIKA

Cuando he llegado a casa, Jaime estaba encerrado en su cuarto preparándose para las olimpiadas de mañana de naturales (que es lo que mejor se le da del cole), así que me ha dado pena interrumpirlo para interrogarlo, porque todavía no ha ganado nada en toda la semana.

–A los pequeños es que os dan medallas por cualquier tontería, Eriza –me ha dicho a medio día, pero no se lo he tenido en cuenta porque creo que le da un poco de envidia.

Si no fuese tan pesado, le regalaría encantada una de las mías. ¡A mí me gusta participar! Me dan igual las medallas. Siento que Coliflor es la única que me entiende cuando digo eso.

Así que me he metido con ella en mi tipi para contarle todas las investigaciones de la Lupa. Me miraba con ojos comprensivos de tortuga lista. Coliflor escucha genial si luego le das un trocito de lechuga. ¡Ojalá todo en este mundo se solucionase con hojas de lechuga! El interrogatorio de Jaime tendrá que esperar a mañana...

DIARIO DE CAROL

¡Estoy deseando que llegue mañana! No solo por interrogar al profe Ramón, sino también por comer en casa de la abuela Pili y poder contárselo todo. ¡Seguro que está emocionadísima con nuestras historias de conquistas! Además, me da no se qué en la nariz que podré ganar alguna medalla más en las pruebas de natu. Tengo esa corazonada, y mi corazón de detective no suele equivocarse.

En la cena (tortitas con jamón york y queso calentito), papá y mamá se han reído mucho cuando les he contado la reunión que hemos tenido con el padre de Álex. ¡Mi madre hasta se ha instalado

el juego de los portales! Le he enseñado todo muy bien para que se hiciese de los Iluminados. Así podremos ayudar a las fuerzas del bien (eso dice Álex).

Me voy a la cama a leer bien prontito. ¡Así mañana llegará antes!

DIARIO DE MANU

El interrogatorio de Lucía ha sido corto.

La he pillado cuando ya nos íbamos a acostar.

«Ese tonto ya no es mi novio», me ha dicho.

«¿Juega al móvil? ¿Sabe algo de la Resistencia?», le he preguntado yo.

«¡Y yo qué sé!», me ha contestado ella.

«¡Pero si es tu novio!», le he insistido yo.

«¡Que ya no lo es!», me ha soltado ella.

«Pero ha sido tu novio hasta hace nada, ¿no?».

«¡Pues ya no lo es!».

A los hermanos mayores no hay quien los entienda.

Carmen ha escuchado toda la conversación.

Por una vez, se ha puesto un poco de mi parte.

Y ha dicho que los novios, en las películas, lo saben todo el uno del otro y que seguro que, si hacía memoria, se acordaría.

Lucía ha puesto los ojos en blanco.

«La vida no es como en las películas, enanos», nos ha dicho antes de dejarnos plantados.

Mi interrogatorio ha sido una patata.

Me he ido a mi cuarto y he escondido mi camiseta de la suerte debajo de la almohada.

Por hacer algo útil.

No quiero que vuelva a desaparecer mañana.

No quiero perder medallas.

Además, seguro que me ayuda con el caso de la Lupa.

JUEVES 2 DE JUNIO

DIARIO DE ERIKA

Me he despertado con los pies calientes y la cabeza aún más caliente. Los calcetines tienen la culpa de lo primero, pero de lo segundo tiene la culpa mi cerebro, que se ha pasado la noche soñando que Jaime era un rey tirano que dominaba todo el poder de los portales. ¡Hasta me ha lanzado un rayo!

Ya no me he podido aguantar más y, sin quitarme el pijama, he ido directa hasta su cuarto.

–¡Eriza, fuera de aquí! –me ha gritado hecho una furia (es que lo he pillado en calzoncillos de Hulk).

–¡No miro, tranquilo! –le he dicho yo, cerrando rápido los ojos por si se me derretían.

Antes, Jaime y yo nos bañábamos juntos y hacíamos guerras de espuma y no pasábamos una vergüenza absoluta como ahora. Mi padre dice que son cosas de la edad y que luego se pasan.

Jaime ha empezado a quejarse, pero yo me he adelantado y le he quitado los vaqueros, que estaban sobre la cama.

–Son mi rehén –he improvisado, porque en las pelis cogen a un rehén para pedir un rescate, y yo, de rescate, quería información.

–Eriza, te la vas a cargar –me ha amenazado él, tapándose con la sudadera.

Me he quedado en su cuarto clavada como una flecha india. O descubría de una vez si era el enemigo, o me empezaban a dar retortijones, una de dos.

–Jaime, confiésalo, ¿eres de la Resistencia? –le he preguntado con mi mejor voz de hermana suplicante.

–¡Que me des mis pantalones!

–¡Hasta que no me digas la verdad, no! –miré su cara de brócoli y supe que estaba dudando–. Porfa, Jaime, dímelo. ¿Eres tú el que nos está robando todos los portales?

Mi hermano ha empezado a removerse incómodo y he pensado: «Ya está, aquí viene su confesión definitiva».

–Por favor... –he repetido con boca de pitiminí (que es una boca pequeñísima).

–¿Los portales de ese juego idiota? –me ha preguntado, como dándose por vencido.

–¡Sí! ¿Eres de la Resistencia?

–No, Eriza, no soy de la residencia.

–De la Resistencia...

–¡Que no! Dame ya mis pantalones.

–Entonces, ¿por qué estás todo el rato con el teléfono de papá y de mamá? –le he preguntado, sintiendo de pronto que los vaqueros pesaban una tonelada.

¿Me estaba diciendo la verdad? ¿Solo quería que le devolviese su ropa? ¿Me la iba a cargar si se chivaba de que le había quitado el pantalón?

Entonces Jaime ha hecho una cosa muy rara. Ha corrido hasta la puerta, se ha asomado al pasillo y me ha dicho en tono de espía a medianoche:

–Es un secreto, Erika. No te lo puedo contar todavía, pero te voy a necesitar.

¿Jaime necesitarme a mí? Casi le doy un abrazo de amor y locura, pero me he aguantado porque me conozco sus trampas y he caído más de una vez en ellas. Mi hermano sabe cuál es mi debilidad.

–¿Cuándo me lo vas a contar? –le he preguntado para ganar tiempo.

–Esta noche... o mañana. ¡Aún no lo sé! Ahora dame mis pantalones y lárgate ya, o mamá va a sospechar.

¿Mamá iba a sospechar? Eso significa que Jaime me quiere como aliada.

Y yo que creía que me había levantado con la cabeza caliente... ¡Ahora sí que no se me va a enfriar en todo el día!

DIARIO DE MANU

¡Mi madre es una ninja!

No hay otra explicación posible a lo que ha pasado.

Mi camiseta de la suerte ha vuelto a desaparecer.

¡¡¡De debajo de mi almohada!!!

Pero quizá «desaparecer» no sea la palabra correcta.

Mi camiseta de la suerte se ha transformado.

Ha dejado de ser blanca.

Ha dejado de tener un monstruo con capa.

Ahora es amarilla.

Y en letras azules pone bien claro: SOY UN TÍO CON SUERTE.

Es decir, que mi madre ha cambiado mi vieja camiseta de la suerte por una nueva camiseta de la suerte.

He ido a la cocina con ella en la mano.

A Carmen casi le da un ataque de risa al verme la cara.

Pero es que yo necesitaba una explicación.

«Hijo, esa camiseta ya no estaba para salir a la calle», ha sido la frase de mi madre.

Y mi padre le ha dado la razón.

Entonces me han propuesto un trato: que usase la vieja en casa y la nueva en la calle.

Pero... ¿y si la nueva no daba suerte?

«Hoy lo descubrirás», ha dicho Carmen cogiéndome de la mano como solo una melliza sabe hacer.

Y, sin que sirva de precedente, esta vez mi hermana tenía razón.

DIARIO DE CAROL

¿Que por qué razón he llegado la primera al cole? Pues porque papá se tenía que ir un poco antes a trabajar. Mis pobres padres son fantasmas sin fuerza esta semana. Tienen una cara de reunión que parte el alma.

He repasado el interrogatorio que le vamos a hacer al profe Ramón en el recreo y me he puesto de los nervios. Soy una detective estupenda y tengo una mente fresquísima que sabe adaptarse a cualquier situación, pero, claro, el profe Ramón es como una comadreja escurridiza de sobresaliente. Si él es el ladrón de los portales, ¡quizá no diga ni una palabra!

No he parado de mirar el reloj esperando a que llegasen mis compañeros de la Lupa. Cada minuto pasaba tan despacio que me daba tiempo a contar hasta cien y volver a empezar.

Y entonces, cuando casi me había dormido, el novio de Lucía ha entrado en mi clase tan pancho, ha ido hasta la ventana, ha sacado su móvil y ha apuntado a la calle.

Es que aquí hay más cobertura (me ha dicho con todo su morro).

¿Que aquí hay más cobertura? ¡Estaba conquistando un portal! Estoy segurísima, pero no he podido acusarlo de nada porque ha guardado el teléfono y ha salido corriendo ante mi cara de huevo frito.

¿Dónde están los integrantes de la pandilla de la Lupa cuando más los necesito? ¡Pues entrando por la puerta del colegio en ese mismo momento! Los tres juntitos.

DIARIO DE ÁLEX

Esta mañana no ha habido ningún grito desgarrador rompiendo el velo estrellado de la galaxia. Pero no porque los portales siguiesen perteneciendo a los Iluminados, no. No ha habido ningún grito porque mi madre se ha lanzado en plancha sobre mi padre y le ha tapado la boca para que no nos despertara. Eso nos lo ha contado ella misma en el desayuno, ante los ojos incrédulos de Julio.

–¿Por qué no nos habéis despertado? –ha preguntado mi hermano con cara de haber recibido un espadazo láser en el corazón–. Podríamos estar reconquistando portales ahora mismo...

Mario le ha dado un capón y yo, que no creo en la violencia de ningún tipo (sobre todo entre hermanos), he sentido que se lo tenía bien merecido. Una cosa es jugar a conquistar portales con Carol como narradora (que es mejor que cualquier videojuego), y otra muy distinta es llevar toda la semana despertándote en plena noche para luchar contra la Resistencia.

¡Mis sensores robóticos no soportarían ni medio madrugón más! He tranquilizado a Julio, porque me da pena verlo sufrir así por culpa de las fuerzas del mal.

Su alegría ha vuelto en cuanto hemos visto que los portales de la entrada al cole seguían siendo de los Iluminados (o sea, nuestros). En la puerta nos hemos encontrado a Erika contemplando la camiseta de Manu con el ceño fruncido.

–Sí, creo que funcionará –le estaba diciendo muy seria justo cuando hemos llegado.

–¿Qué funcionará? –he preguntado yo.

–Su nueva camiseta de la suerte.

Julio se ha encogido de hombros y se ha largado sin más. No sé qué esperaba de un hermano al que le encantan las sopas de verduras, la verdad.

Cuando hemos llegado a clase, Carol se movía más que si le hubiesen echado una caja llena de hormigas dentro de la camiseta.

–¡Ha entrado! ¡Con su móvil! ¡Tan pancho! –decía sin explicarse demasiado bien.

DIARIO DE MANU

El no novio de Lucía había conquistado un portal.

Desde nuestra clase.

Ante las narices de Carol.

Que no ha sido nada tiburona y lo ha dejado escapar.

He aprovechado el momento para contarles mi triste interrogatorio.

Lucía no nos ha aclarado nada.

Y Erika también nos ha resumido el interrogatorio de su hermano Jaime.

Hemos tenido que ser muy rápidos.

Para acabar justo antes de que entrase el profe Ramón.

Nuestro siguiente sospechoso.

DIARIO DE CAROL

Cuando he visto el rostro pálido del profe Ramón bajo sus gafas verde rana, me he puesto a sudar como si estuviese en una sauna. Y sé de lo que hablo porque mamá me llevó una vez a una en su gimnasio.

No podía pensar en los interrogatorios de los demás detectives de la Lupa. Solo podía pensar en que el profe tenía más cara de culpable que nunca. ¡Y eso que ha intentado despistarme poniéndose a hablar de las pruebas de natu de las olimpiadas! Incluso le ha guiñado un ojo cómplice a Manu por su nueva camiseta de la suerte.

DABA IGUAL. En mi cabeza veía una y otra vez la misma película. En ella, el profe Ramón estaba sentado en su silla de clase, con la luz apagada y un flexo alumbrándole la cara.

Confiesa antes de que sea demasiado tarde (le decía yo).

La verdad es que no sé para qué iba a ser demasiado tarde, pero en mi película pasaba así.

Por eso, cuando me ha preguntado a qué me iba a apuntar, me he quedado de color huevo frito (un poco blanca, un poco amarilla). ¡No sabía de qué me estaba hablando!

Al final me he apuntado a las pruebas sin pensar. ¡QUÉ DESASTRE!

DIARIO DE ERIKA

Carol tenía una cara que daban ganas de saltar por encima de la mesa e ir a rescatarla. Iba a necesitar toda nuestra ayuda para interrogar al profe Ramón. La pobre estaba empezando el día con muchas emociones.

Durante el resto de clases, parecía que Carol no hablaba nuestro idioma. Sus pruebas de natu han sido un caos. Cuando le preguntaban por los planetas, respondía con las plantas. Y cuando le preguntaban por la respiración, respondía suspirando.

Pero al final tampoco ha sido para tanto. Y Manu nos ha dado una sorpresa subiendo mucho el listón en la categoría por equipos.

DIARIO DE MANU

Camiseta nueva de la suerte: 1.

Equipo contrario: 0.

¡Hemos ganado en la prueba del tablero natural!

Y eso que Carol estaba menos tiburona que nunca.

Menos mal que Álex, Erika y yo estábamos concentrados, porque si no el grupo mixto de sexto y quinto nos habría fulminado.

Hemos ganado la medalla de bronce.

Y eso que jugábamos con una Carol menos.

¡Medalla flamante de bronce!

Entonces ha sonado el timbre del recreo.

Y el profe Ramón ha venido a darnos la enhorabuena.

DIARIO DE ÁLEX

Carol había estado desconectada toda la mañana, pero en cuanto ha venido el profe Ramón (que nos estaba felicitando por nuestra medalla) se ha lanzado sobre él como una lluvia de meteoritos.

–Tenemos que hablar –le ha soltado, como si fuese un padre que descubre que no has hecho los deberes.

Al profe le ha entrado la risa. Yo a veces creo que Carol es su alumna preferida, no me preguntes por qué. Bueno, sí, porque cuando se pone un poco cabezota y mandona sideral, a él se le pone una sonrisa enorme en vez de un enfado tamaño cohete (como se le pone a Manu).

El aula de infantil (que es donde se han hecho las pruebas de natu) se había quedado vacía, así que el interrogatorio ha tenido lugar allí.

DIARIO DE ERIKA

Transcripción del tenso interrogatorio que tuvo lugar en el aula de infantil junto a los yogures de habichuelas

Carol:	Es mejor que te sientes, profe.
Profe Ramón:	¿Es esto un interrogatorio?
Manu:	¿Cómo lo sabes?
Álex:	¡No le des pistas!
Carol:	¡Silencio, que solo hablo yo, que me tocaba a mí!

(Ahí nos hemos callado todos, menos el profe Ramón).

Profe Ramón:	Así que es un interrogatorio.
Erika:	Bueno...
Carol:	¡Shhh! Profe, solo voy a hacerte unas sencillas preguntas.
Profe Ramón:	Adelante.
Carol:	¿Tienes teléfono móvil?
Profe Ramón:	Sí.

Álex: ¿Del futuro o del pasado? ¡Perdón, Carol, es importante!

Profe Ramón: Con cámara y con internet.

Manu: Del futuro entonces.

Carol: ¿Vives muy lejos de casa de Álex?

Profe Ramón: ¿Cómo dices? ¿Esto es por lo del juego de los portales?

(Ahí el profe parecía un poco más perdido que antes y eso ha hecho que Carol se lanzase a taladrarle las ideas como un pájaro carpintero).

Carol: ¡Confiesa, profe! ¿Juegas a conquistar portales? ¿Eres de la Resistencia? ¿Le has robado al padre de Álex todos los portales mágicos de su barrio? Eres del equipo azul, ¿verdad? ¿A qué hora sales de expedición? ¿Tienes más barrios? ¿Para qué usas la energía que robas a los Iluminados? ¿Conoces a más rebeldes?

DIARIO DE CAROL

Y entonces va y al profe Ramón le entra un ataque de risa que parecía que tenía más dientes que el esqueleto Manolo del laboratorio.

¡Pero que era una investigación seria, UN POCO DE POR FAVOR! (eso le dije, totalmente anonadada).

Yo me tomo muy en serio a la Lupa (eso lo dijo él, pero de forma entrecortada porque se partía de la risa).

No me lo podía creer. Ha tardado casi medio recreo en parar de reírse y nosotros seguíamos allí plantados con cara de aceitunas sin hueso.

¿A qué conclusión nos llevaba eso?

DIARIO DE MANU

El profe Ramón no ha sido.

Él conoce el juego.

Nos ha dicho que en Navidad estaba enganchado.

Luego, Carol ha vuelto a atacar en plan tiburona.

Tenía mil preguntas (algunas repetidas).

Entonces el profe ha confesado su equipo.

Él fue de los Iluminados.

«Siempre he sabido que era de las fuerzas del bien», le ha dicho Alex.

«La fuerza es fuerte en mi familia», le ha respondido el profe.

¡Eso era de *La guerra de las galaxias*!

DIARIO DE ÁLEX

A veces pienso que el profe Ramón viene de una familia tan friki como la mía, pero otras veces me hace dudar porque no sé si conocerse todos los diálogos de tus pelis preferidas es ser friki o simplemente tener buena memoria.

Hoy no había lugar a dudas. Como el profe Ramón no era de la Resistencia, solo nos quedaba un sospechoso: el novio de Lucía (aunque ahora Manu dice que es un «no novio» y Carol dice que es un «exnovio» porque ya no son novios).

Lo que estaba claro es que yo anoche no lo había visto salir del supermercado de debajo de mi casa, ni solo ni con sus padres. ¿Pasaría más tarde?

Después del recreo, les he mandado una nota a mis compañeros de la Lupa con la lista de sospechosos que hice en el balcón.

Carol ha respondido:

> ¿Pero estos quiénes son?

Y yo le he contestado:

> Sospechosos.

Entonces Manu le ha pedido la lista y le ha empezado a entrar la risa. Erika también la miraba con curiosidad.

Le he escrito a Manu:

> ¿Qué pasa?

Y él me ha puesto:

> ¡Que estos podrían ser cualquiera!

DIARIO DE MANU

Ejemplos sacados de la lista de sospechosos de Álex:

- Hombre calvo. Chaqueta amarilla. Barra de pan. Una parada.
- Mujer flaca. Pantalones rojos. Tres bolsas. Dos paradas.
- Hombre bajo. Mujer alta. Juntos. Perro. Carrito. Una parada.
- Mujer baja. Mujer baja. Mujer alta. Rubias. Juntas. Una bolsa. Dos paradas.
- Hombre con gorra. Pantalón corto. Ocho bolsas. Cinco paradas.
- Mujer gorda. Hombre gordo. Perro chico. Dos carros. Una parada.

DIARIO DE ERIKA

Al sonar el timbre de última hora, Carol nos ha convocado para una reunión urgente en casa de su abuela Pili.

–¿Quedará bizcocho? –ha preguntado Álex, que es un poco tragón.

Carol le ha dicho que de eso no se preocupara, que lo importante era investigar el barrio antes de que Manu se fuese a judo.

–Voy al polideportivo donde tu hermano va a baloncesto –me ha dicho Manu, y una luz de Navidad se ha encendido en mi cabeza.

–Oye, ¿y no entrena también con Jaime el novio o no novio o exnovio o como se diga de Lucía?

A Álex se le ha puesto cara de sabueso y a Carol se le han abierto los ojos de cazador nocturno.

–¡Los seguiremos! –ha dicho mi amiga como si fuese una promesa.

DIARIO DE ÁLEX

Ya teníamos un plan y esperaba volver a casa con buenas noticas, pero al llegar a la puerta del colegio para encontrarme con Julio, he sacado el teléfono y ha ocurrido lo peor. ¡Malditooooos! Me han dado ganas de gritar igual que mi padre en el silencio de la galaxia.

¡Los portales eran verdes a primera hora! Y a la salida estaban todos azules. ¿Tenía razón Carol y el sospechoso número 3 había entrado en nuestra clase a conquistar toda la entrada para la Resistencia?

Julio y yo hemos salido corriendo casi sin saludar a la madre de Manu ni a la abuela Pili, que había venido a recoger a Carol. Teníamos que comprobar si el resto de los portales también habían sido atacados.

He sentido como si un meteorito me cayese justo encima de la cabeza. ¡Todo el barrio era azul enemigo! ¡Qué rabia!

Pero el exnovio de Lucía no había podido ser, ¿no? Porque conquistó el portal desde la ventana justo después de que yo llegara, lo que significa que los demás los había tenido que conquistar a lo largo de la mañana. ¡Y eso era imposible! Porque estaba dentro del colegio, que yo lo he visto.

–A lo mejor ha ido corriendo cuando ha tocado el timbre... –ha apuntado Julio con ojos vengativos.

–Esta tarde, la Lupa lo descubrirá –he añadido yo.

DIARIO DE CAROL

La abuela Pili ha preparado un suculento plato de lentejas con un chorizo tan estupendo que me he hecho hasta un bocadillo con él dentro.

Además, tenía tantas cosas que contarle que se me ha pasado el rato volando. No solo de las medallas y de las olimpiadas del cole; sobre todo le he hablado de nuestro nuevo caso de la Lupa. A la abuela Pili le gustaría que fuese detective de mayor, porque siempre me pregunta por nuestras investigaciones. Dice que esta semana su cocina es la sede de la Lupa, nuestro cuartel secreto. ¡Y ya tenía preparado otro bizcocho para la merienda!

Cuando ha venido Álex, se le han abierto las aletillas de la nariz como a un dragón hambriento. ¡Y eso que acababa de comer en su casa! Pero ha dicho que le tocaba sopa de verduras de su padre y eso lo ha explicado todo. Con la boca llenísima, se ha puesto a hablar la mar de contento con la abuela Pili sobre los bizcochos y los Iluminados (Álex es capaz de mezclar los temas así).

Y entonces han llegado Erika y Manu. ¡Y con qué pintas! Manu iba con su camiseta de la suerte y Erika vestida con una chaqueta gris que le llegaba hasta las rodillas. Es mi uniforme de espía (eso ha dicho ella, pero luego se la ha quitado porque le daba mucho calor).

Si lo llego a saber, preparo mi gabardina...

DIARIO DE ERIKA

A la hora de comer, me he puesto mi uniforme de espía y he estado persiguiendo a mi hermano para ver si me contaba su secreto, porque tenía muchas ganas de saberlo. ¿Será sobre el juego? Él dice que no, pero Jaime me ha mentido otras veces y no sé si creerle.

Mi insistencia no ha servido de nada, porque la segunda vez que nos hemos chocado en el pasillo me ha dicho:

–No seas plasta, Eriza. Todavía no puedo decírtelo.

Así que me he ido a mi cuarto a regar las macetas y a preparar mi mochila antes de que mamá me acercase a casa de la abuela de Carol.

Lista de herramientas del buen espía

- Prismáticos (de mirar pájaros en la sierra).
- Polvos de talco y celo para coger huellas (lo vi en una revista y me pareció un truco sorprendente).
- Periódico (de ayer) por si hay que hacerle agujeros para los ojos y espiar.
- Guantes para no contaminar el escenario del crimen.

- Bolsas de plástico para las pruebas.
- Gafas y bigote falso (nunca están de más).
- Una lechuga y cinco tomates (para agradecerle el bizcocho a la abuela Pili).

DIARIO DE MANU

La abuela de Carol es la reina de las meriendas.

Me he comido tres trozos de bizcocho.

Y eso que papá había hecho cocido.

Pero es que el bizcocho está tan bueno que aunque me duela la barriga no puedo resistirme.

Carol me ha dicho que se me estaba llenando el cinturón de migas.

¿Quién se fija en esos detalles?

Solo ella.

Y mi madre.

Pero me ha dado igual.

He sentido que la tripa me iba a explotar.

Y entonces les he recordado a todos que teníamos una misión.

Jaime empezaba el baloncesto a las cinco y media.

Así que nos hemos ido al polideportivo antes.

Había que encontrar un lugar donde escondernos.

Me he puesto las gafas y el bigote falso de Erika.

Álex casi se cae al suelo de la risa.

Ha dicho que parecía una mezcla explosiva.

Y lo soy.

Soy un tipo explosivo.

Le voy a pedir a mi madre una camiseta nueva con esas palabras.

DIARIO DE ÁLEX

El polideportivo estaba abierto cuando hemos llegado, pero todavía no había nadie. Era como entrar en la estrella de la muerte. Manu, que se lo conoce a la perfección, nos ha guiado como un jedi hasta un murete que oculta parte del pasillo que lleva a los vestuarios, pero que también deja ver las pistas.

–Es una posición privilegiada –ha dicho muy convencido–. Aquí es donde se pone el guardia de seguridad en los partidos oficiales.

Nos hemos hecho una bola humana en ese rincón y hemos sacado las herramientas de Erika. Nos las hemos repartido para tenerlas a mano en caso de emergencia. La verdad es que todo parecía muy profesional, era como una base secreta, como la guarida del espía más intrépido de la galaxia.

Pero entonces las cosas se han empezado a complicar...

DIARIO DE CAROL

Estábamos perfectísimamente situados en nuestro escondrijo cuando se han oído unos pasos. Ahí hemos tenido un poco de jaleo porque queríamos mirar todos a la vez. Pero si mirábamos al mismo tiempo, quienquiera que fuese nos iba a ver. Así que nos hemos empujado un poco hasta que por fin Erika y yo hemos conseguido asomarnos.

¡Era el exnovio de Lucía!

Manu me ha dado un pellizco y le he dejado mirar. Luego ha bajado rápido la cabeza y nos ha dicho que estaba con el móvil en las manos.

Álex ha sacado el teléfono de su padre para comprobar si había portales en el polideportivo. ¡Y HABÍA!

Todo se estaba poniendo de lo más emocionante.

¡Lo íbamos a pillar con las manos en la masa!

Álex ha reforzado el portal para que siguiese siendo de los Iluminados y todos hemos contenido el aliento. Pero entonces hemos oído otros pasos y Erika ha bajado la cabeza enseguida.

Es Jaime (ha dicho ella).

DIARIO DE MANU

Me he vuelto a asomar yo.

Ahí estaba Jaime, el hermano que puede ser simpático y traidor.

Ha ido un poco nervioso hasta el centro de la pista.

Con su equipación de baloncesto y su cara de panceta.

Y se ha encontrado con el otro, el que ya no es nada de Lucía.

Se han saludado con la cabeza.

Y entonces ha llegado lo peor.

Estaban hablando.

Pero desde donde estábamos no se escuchaba nada.

DIARIO DE ÁLEX

–Ayudadme a alzarme sin hacer ruido –ha susurrado Manu agachándose.

Entonces yo he apoyado las manos y las rodillas en el suelo para que se subiese a mi espalda y se asomase un poco más. Erika le ha dado el periódico con los agujeros para que se escondiese detrás y pudiese mirar. Y Carol lo ha sujetado por las piernas para que no se cayese.

Éramos el equipo perfecto de tropas del espacio, hasta que me ha parecido que Manu pesaba más que cinco marcianos rechonchos.

DIARIO DE CAROL

Todo ha pasado tan rápido que no lo hemos podido evitar. Manu ha empezado a temblar sobre la espalda de Álex, Álex ha empezado a hacer ruiditos porque no podía más y, cuando Erika se ha lanzado a ayudar, se ha chocado conmigo y yo he empujado a Manu. Y él le ha dado un codazo al bote de polvos de talco, que ha caído enterito sobre la cabeza pelirroja de Erika (que ha puesto cara de beso). Y Manu ha caído enterito sobre Álex y sobre mí.

Pero somos unos auténticos profesionales. Solo se han oído los mamporros, ni la más mínima queja. Los espías no gritan si se estrellan, ni tampoco si les caen otros espías encima.

Lo de estornudar es otra cosa.

Cuando ya habíamos conseguido recuperar el silencio del pabellón y ya nadie podía sospechar que estábamos escondidos en nuestra guarida secreta, Erika ha pegado el estornudo más grande de la historia.

Todos hemos clavado en ella nuestros ojos de detectives suplicantes, pero mirar a Erika a la cara con todo el pelo blanco y la nariz blanca (más blanca de lo normal) no nos ha ayudado demasiado.

Álex ha empezado a reírse por lo bajo, tapándose la boca. Y Erika ha vuelto a estornudar agobiadísima.

DIARIO DE ERIKA

Y entonces, aunque mis orejas estuviesen llenas de talco, he oído la voz de Jaime:

–¿Quién hay ahí?

Y junto a su voz venían sus pasos.

–¡Huyamos! –he dicho sin pensar.

Carol se ha lanzado a recoger nuestras herramientas de espionaje con ayuda de Álex mientras que Manu me agarraba fuerte de la mano para guiarme. Y es que, con tanto talco, ni siquiera veía bien. ¡Y no podía parar de estornudar! Me sentía como un bizcocho de Navidad lleno de azúcar glas.

Eso sí: los detectives de la Lupa han demostrado una vez más que están listos para la acción en cualquier momento, pase lo que pase.

Hemos echado a correr (como si también nos fuesen a dar una medalla por ello) y nos hemos escondido en el vestuario de las chicas.

–¡Rápido, a las duchas! –ha gritado Álex, y lo hemos seguido a la carrera.

Entonces se ha oído la puerta del vestuario y Carol nos ha dejado a todos chorreando. Chorreando de verdad, porque ha encendido la ducha sin compasión.

–¡Hey! ¿Quién hay ahí? –ha preguntado Jaime, y en su voz se leía una nota de confusión.

Carol nos ha mirado con ojos de nutria de río y hemos aguantado la respiración. ¡Y ha vuelto a salvarnos!

–¡Un chico en el baño de las chicas, entrenadora! –ha gritado con su mejor voz de alarma, y todos hemos oído a la perfección cómo mi hermano salía corriendo del vestuario.

Nos hemos quedado callados debajo del agua de la ducha, mirándonos como marineros asustados durante la peor de las tormentas. Yo notaba cómo el polvo de talco se disolvía y me bajaba por la cabeza hasta el jersey que me había prestado mamá (y no era una sensación muy agradable). Pero entonces Álex ha levantado un dedo y ha señalado la cara de Carol y después la cara de Manu. Y, por último, la mía.

DIARIO DE MANU

Ha sido como cuando en las canciones la batería empieza flojito, pero luego sube y sube y sube...

Hasta que redoblan todos los tambores.

Álex ha empezado con una sonrisa.

Que era cada vez más grande.

Más grande.

Y más grande.

Mientras estábamos empapándonos en el baño de las chicas.

Hasta que ha mirado a la pobre Erika.

Que parecía una tarta de nata haciendo natación desincronizada.

¡Y le ha dado uno de sus ataques de risa!

Ja.

Ja, ja.

Ja, ja, ja.

JA, JA, JA, JA, JA, JA, JA, JA, JA, JA.

Nos hemos reído tanto que casi se nos olvida apagar la ducha para dejar de mojarnos.

Ha sido el mejor momento del día.

Aunque el sensei me haya echado la bronca de mi vida por llegar empapado.

Y eso que no me ha visto los calzoncillos.

DIARIO DE ÁLEX

Menos mal que metí el teléfono en la mochila de Erika y que Carol la dejó fuera de la ducha; si no, los retortijones no habrían sido de risa, sino de pánico sideral.

Cuando se nos ha pasado el ataque, hemos ayudado a Erika a quitarse el talco de la cabeza. Si ya estás empapado, ¿qué más da empaparse un poco más? Los detectives de la Lupa pasados por agua también saben reaccionar.

Al salir del polideportivo teníamos unas pintas terroríficas, y cada vez que miraba a mis amigos, la risa amenazaba con volver.

–¿Apostamos quién estará castigado en breve? –ha preguntado Manu con cara de salchicha preocupada.

Solo nos acompañaba hasta la puerta, porque tenía que quedarse a su clase de judo.

He puesto mi mano en su hombro para darle ánimos, porque lo he visto mil veces en las películas.

–Es por el bien universal –le ha recordado Carol.

Erika se ha ido con ella a secarse un poco antes de que llegase su madre, y yo he vuelto a casa.

Sobre nuestras conciencias de detectives pesaba la imagen que había presenciado Manu: Jaime y el exnovio de Lucía encontrándose en las pistas en secreto. ¡Y con las prisas no había comprobado si el pabellón había pasado al enemigo!

Por un momento me dio igual. Quería llegar a casa cuanto antes y quitarme las deportivas empapadas. Un robot mojado funciona fatal.

DIARIO DE CAROL

La abuela Pili se ha reído casi tanto como Álex cuando le he contado nuestra aventura.

Lo de encender la ducha ha sido una idea estupendísima (eso ha dicho ella). Yo también lo creo: mi rapidez de espía e investigadora nos ha salvado por los pelos (eso lo he dicho yo).

Hoy me quedo a dormir en casa de la abuela, porque papá y mamá se merecen una noche para ellos solos de vez en cuando (y esta semana más, que han sido unos pobres padres zombis).

Las noches aquí son geniales porque ponemos una peli que nos gusta, y la abuela me deja cenar en el sofá y poner los pies encima de la mesa (eso en mi casa está prohibidísimo). Después, dormimos juntas en su cama gigante y nos contamos historias hasta que nos quedamos dormidas (bueno, siempre me quedo dormida yo primero, pero es que los días de cole son cansadísimos).

Así que hoy no escribo más: voy a ayudar a la abuela con la cena y a disfrutar de la vida de nieta.

DIARIO DE ERIKA

Transcripción de la discusión en el pasillo de casa después de cenar

Jaime: ¿Dónde has estado esta tarde?
Erika: En casa de la abuela de Carol, merendando.
Jaime: ¿Todo el rato?
Erika: Todo el rato.

(Nos hemos quedado en silencio y yo he cruzado los dedos de los pies para que se creyese mi mentira convincente).

Erika: ¿Me cuentas ya tu secreto?
Jaime: Mañana por la mañana.
Erika: Pero yo te quiero ayudar cuanto antes.
Jaime: Eriza, no seas pesada.

¡Para mañana por la mañana quedan todos los minutos y todos los segundos de la noche! Hoy he sido una hermana paciente y una detective calada hasta los huesos. ¿No me merezco una recompensa?

La tele suena bajita a lo lejos, desde el salón, y Coliflor duerme tranquila dentro de su caparazón. Mis macetas se mecen felices por el viento y yo tengo los calcetines puestos, un pegote de talco en el pendiente derecho y el secreto de Jaime clavado en el centro de mi imaginación.

Ojalá llegue ya mañana. ¡Duendes de la noche, dormidme pronto! Necesitaré mucha energía de espía...

DIARIO DE MANU

«¿Has sido tú el que ha estado espiando a mi amigo Carlos en el polideportivo?», me ha preguntado Lucía.

Yo aún estaba pensando en los fideos chinos de la cena.

Me ha costado más de un minuto averiguar quién era el Carlos ese.

Luego me he dado cuenta.

Era el mismo niño que de compañero pasó a novio, de novio a no novio, de no novio a nada y, ahora, de nada a amigo.

Carlos se llama.

Un nombre de lo más normal.

Le he dicho a Lucía que por qué me preguntaba esa cosa tan tonta y tan imposible.

Ella me ha mirado con cara de pimiento.

¡Que no, leches!

Que yo no he espiado a nadie.

Y no es que me guste decir mentiras, es que las cosas se estaban complicando.

Le he hablado del bizcocho de la abuela Pili y de lo rico que estaba.

Entonces su cara de pimiento se ha transformado en cara de puerro, que es más relajada (todo el mundo lo sabe).

«Perdona, es que me ha contado ciertas cosas... que me han sonado bastante a las locuras que hace la Lupa», ha insistido ella.

Mi cara era la mejor cara de no-entiendo-tu-idioma que sé poner.

Así que, por lo menos, se ha quedado con la duda.

Espero.

Pero... si el Carlos este sospecha que lo hayan estado espiando, ¿será porque tiene algo que ocultar?

Mañana se lo voy a contar a la Lupa.

En cuanto llegue a clase.

Antes de cualquier prueba de las olimpiadas.

¡Vamos a descubrir pronto el pastel!

Y el pastel no va a ser Erika con el pelo lleno de talco.

Va a ser Carlos, el ladrón de portales.

DIARIO DE ÁLEX

–¿Lo habéis descubierto ya? –me ha dicho Julio con sus mejores ojos de enanito del espacio.

¿Cómo le dices a tu fan número uno (y hermano más pesado de la galaxia) que lo único que has hecho esta tarde es darte una ducha en el baño de las chicas? Es muy simple: no se lo dices.

–Estamos muy cerca –he medio mentido, y digo «medio» porque la verdad es que yo creo que el exnovio de Lucía es el rebelde asaltaportales que estamos buscando. Mañana se descubrirá todo.

–¿Por qué mañana? –ha preguntado Julio con inocencia.

–Porque sí.

Eso es lo que responde mi madre cuando no quiere que discutamos más sobre algún tema. Bueno, también está la variante «porque no» y el mundialmente conocido «porque lo digo yo».

Pero aunque se lo haya dicho a Julio, ya en la cama con la luz apagada, me he puesto a pensar si de verdad estamos cerca del culpable o si solo estamos dando vueltas y vueltas como los satélites planetarios. ¡Cualquiera ha podido conquistar los portales para la Resistencia! Es un juego mundial, ¿no? ¿Y si ha sido un chino que estaba de vacaciones en nuestra ciudad? ¿O un alemán? ¿O un argentino? ¿O un marciano encubierto?

De repente he sentido que todo el peso del desánimo caía sobre mi pecho. He sentido cómo mi corazón robótico caía tentado por las fuerzas del mal, por el lado oscuro de la fuerza.

¿Es este el primer caso que la Lupa no va a poder solucionar?

Viernes 3 de junio

DIARIO DE ERIKA

Todavía no había entrado la claridad por mi ventana abierta cuando una mano extraña me ha tapado la boca dándome un susto de muerte. He abierto los ojos con la misma fuerza que si chillara. Era como si mis ojos gritasen en silencio. Me ha costado trabajo, pero al final he conseguido enfocar a Jaime y he vuelto a respirar normal.

¡Qué cambio el despertarse un lunes bailando y un viernes como si me fuesen a secuestrar! Por poco se me escapa el corazón para irse a un cuerpo más tranquilo.

–¿Estás loco? –le he dicho muy bajito en cuanto me ha liberado.

–¿Quieres saber mi secreto o no? –me ha contestado él, también en susurros.

¡El secreto! ¡Claro que sí! Me he incorporado en la cama de un salto. Entonces mi hermano me ha hecho jurar que no lo iba a traicionar.

–Te lo prometo –le he dicho con mi mejor cara de recién levantada.

–Vale, pues mira... –ha empezado él, y luego ha sacado de su bolsillo del pijama un collar de perro con una placa en la que ponía «Lex» grabado en letras brillantes.

–¿Qué es esto? –no me estaba enterando de nada.

–El collar de nuestro perro.

–¡Pero si no tenemos perro! –le he recordado por si estaba perdiendo la cabeza.

–A partir de esta tarde, sí.

Y me ha contado una historia que ha hecho que mi cerebro se comportase otra vez como un

puzle en una tarde de tormenta. ¡Todas las piezas han encajado!

Al parecer, la perrita de un tal Carlos (que al rato he entendido que era el antiguo novio de Lucía) había tenido cachorros y el chico había estado haciendo un llamamiento en las redes sociales para ver si alguna familia quería adoptarlos. Jaime ha estado hablando con él por el móvil de mamá y papá durante toda la semana, intentando convencerlo de que le guardase uno mientras él conquistaba el alma piadosa de nuestros padres.

–¿Por eso gastabas las baterías de todos los teléfonos? –le he preguntado yo, todavía un poco mosqueada.

–¡Pues claro! Tenía que descargar las fotos de Lex y luego reenviarlas a otras personas. ¡Carlos me ha mandado hasta vídeos! Te va a encantar, Erika. Es tan... ¡Es genial!

Nunca jamás había visto a mi hermano tan emocionado. Ponía una cara como la que tiene el tío Rodolfo cuando se enamora.

Así que el tal Carlos estaba tan enganchado al móvil porque estaba repartiendo perritos. ¿Y por qué entró a nuestra clase y se acercó a la ventana? ¿Sería verdad que buscaba más cobertura? Eso fue lo que le contó a Carol, ¿no?

Estaba preguntándome todas esas cosas cuando Jaime me cortó el hilo del pensamiento:

–¿Me vas a ayudar o no?

Pensé en Coliflor compartiendo el amor familiar con un perro llamado Lex. Después pensé en que quizá mi hermano se volvería más cariñoso con el amor de un perro.

Asentí con toda mi convicción.

Y en ese momento, Jaime hizo algo que no me esperaba para nada: me dio un abrazo colosal. Y fue como si todo el calor del verano se concentrase en mi corazón recién levantado.

Me ha durado la sonrisa hasta que ha sonado el teléfono.

DIARIO DE MANU

¿Quién llamaría a estas horas?

Qué raro.

Por fin había tenido una mañana normal.

Carmen había terminado rápido en el baño.

Lucía no me había dado la tabarra.

Mi madre canturreaba feliz con su té y mi padre preparaba mis tostadas.

Y mi nueva camiseta de la suerte seguía en la silla del escritorio.

Entonces ha sonado el teléfono.

Yo creía que iba a ser alguna de las amigas de Lucía.

O la mejor amiga de Carmen, que la llamara para decidir qué se iban a poner hoy (últimamente siempre se visten igual, como si las mellizas fuesen ellas).

Incluso creía que podía ser para mis padres.

Pero no.

Era para mí.

¡Y todavía no me había peinado!

DIARIO DE ÁLEX

Si no hay un grito que rompa el silencio de la madrugada, siempre habrá una llamada de teléfono que trastorne el equilibrio de la mañana. Quizá sea algún tipo de ley universal el que esta semana no podamos desayunar tranquilos. Bueno, a excepción de Mario, que, desde que se está forrando a base de conquistar portales, está tranquilo de más.

–¡Es para ti, Álex! –me ha dicho mi madre sin soltar su taza humeante de café.

–¿Para mí?

–Sí, es Carol.

¿Qué había pasado? ¿Habría descubierto mi amiga una pista increíble para el futuro del caso que la Lupa tenía entre manos?

Mi padre ha puesto unos ojos de estrellas fugaces esperanzadas que daba vergüenza mirar, como si él también hubiese atado los mismos cabos que yo.

¿Qué quería Carol, si todavía casi no brillaba el sol?

Mi corazón de investigadora latía a cien kilómetros por hora en cuanto me he despertado. Estaba segurísima, absolutamente segura de haber dado con una evidencia sensacional, con una prueba que nos pondría en el camino de la victoria. ¡Y la Resistencia caería en nuestra trampa!

Anoche, después de apagar la luz, y pensando que el ladrón de portales debía vivir por el barrio de Álex, me quedé un rato a oscuras investigando por la ventana de la abuela Pili cuando ella ya se había dormido.

No es que se vea mucho, porque hay un árbol enorme justo delante, pero un trozo de la calle sí que se ve. Además, en ese trozo de calle justo justísimo hay un portal, por lo que me sentía algo así como si tuviese un palco VIP en el mejor partido de fútbol de la historia.

Bueno, la verdad es que al principio me aburrí tanto que me quedé frita. Pero luego, no sé qué hora sería, me desperté muerta de frío y hecha un nudo en la silla de al lado de la ventana.

Ya estaba dispuesta a abandonar cuando una luz azul enemigo me llamó la atención desde la calle.

Mis instintos de investigadora de la Lupa se pusieron a trabajar a toda máquina y clavé mis ojos en el cristal.

¡La luz azul era la pantalla de un móvil! Y estaba envuelta en una sombra que apuntaba al portal de los Iluminados para conquistarlo. Estaba CLARÍSIMO. No me hacían falta los prismáticos de Erika para asegurarlo.

Aguanté la respiración y observé con todas mis fuerzas nocturnas. Entonces la sombra se giró...

¡Y vi perfectamente su rostro rebelde!

DIARIO DE MANU

«Reunión urgentísima esta tarde en casa de mi abuela Pili», me ha dicho Carol con su mejor voz de tiburona implacable.

¿Otra vez?

Eso es lo que he tenido ganas de decirle, pero me he aguantado un poco.

Le he pedido más detalles.

«Es información confidencial que no puedo decir por teléfono», ha sido su respuesta antes de colgar.

¡Pues que me lo hubiese dicho en el colegio!

DIARIO DE ERIKA

–Erika, por favor, por favor, por favor –era Carol hablándome en voz tan bajita que me costaba trabajo escucharla por detrás del ruido de la cafetera–, dile al profe Ramón que llego tarde a clase porque estoy en el baño con dolor de barriga, ¿vale?

–¿Qué? –le he preguntado yo.

–Sí, tía –me ha respondido Carol de pronto alto y claro, en un tono que no le pegaba nada–. Esta tarde merienda en casa de mi abuela Pili para celebrar nuestras medallas.

Y fin de la conversación.

Estaba rarísima, si además Carol jamás me llama «tía»...

DIARIO DE ÁLEX

–Álex, caza todos los portales de camino al cole, ¿está claro? –me ha dicho Carol como si fuese un general de la marina espacial.

Me he quedado tan cortado que no me ha dado tiempo a responder antes de que dijese su siguiente frase:

–Y espérame en la puerta del cole, ¡sin entrar!

Clic. Ha colgado.

Me he quedado mirando el teléfono con cara de robot a medio montar. ¿Qué le habrá dado la abuela Pili de desayunar esta mañana? ¿Tres cafés con cinco cucharadas de azúcar cada uno?

DIARIO DE CAROL

¡Qué SUBIDÓN! La abuela me ha acompañado al colegio y hemos estado repasando todas las medallas que ha ganado mi clase. Además, le he dicho que tengo casi clarísimo quién es el resistente ladrón de portales y que, después de una pequeña investigación, esta tarde anunciaré a la Lupa el nombre del culpable. Le he preguntado si podemos utilizar su casa como cuartel secreto y se ha reído encantada. A la abuela Pili le gusta que estemos por allí, y eso a la Lupa le viene hoy fenomenal.

Le he dado un besazo de repetición (de esos que das de tres en tres en vez de uno solo) antes de entrar en el patio.

Álex me estaba esperando con cara de guisante incomprendido. Lo he cogido de la mano con todas mis fuerzas y he tirado de él hasta el cuartillo del conserje (que a estas horas siempre está vacío porque su dueño está abriendo puertas).

Carol, ¿te has vuelto loca? (eso me ha dicho Álex).

¡CLARO QUE NO! Yo he negado con la cabeza.

Cuenta hasta cien (eso le he dicho yo).

Pero entonces ha sonado el timbre y Álex ha intentado levantarse para ir a clase.

DIARIO DE ÁLEX

¡Íbamos a llegar tarde a clase y Carol estaba tan pancha! El profe Ramón nos quitaría todas nuestras medallas. Aquello que estábamos haciendo iba contra las leyes de la galaxia.

Pero entonces el timbre se ha callado y Carol se ha puesto de pie, ha tirado de mí otra vez (como si yo fuese un cinturón de asteroides sin sentimientos) y me ha llevado a la puerta del colegio. Aún estaba abierta.

–Apunta a ese portal y dime qué es lo que ves –me ha dicho con su voz de general.

Como mi madre siempre dice que a los locos hay que darles la razón, he hecho exactamente lo que ella me mandaba.

¡Y el portal que acababa de conquistar hacía apenas unos minutos volvía a estar azul! Azul Resistencia, azul enemigo. ¿Cómo era posible?

Carol ha asentido con solemnidad, como si estuviese ante la bandera de la confederación planetaria. Justo cuando iba a pedirle una explicación, la profe de inglés ha aparecido de la nada.

–¡En el patio después de que haya sonado el timbre y con un móvil en la mano! –nos ha regañado dándonos un susto mortal–. ¡Confiscado!

La seño Gema es una auténtica jedi, porque al mismo tiempo que decía «confiscado» me ha quitado el teléfono de las manos sin que yo me diese la más mínima cuenta.

¡Pero la sorpresa no ha sido esa! La sorpresa ha sido que, al ver el móvil en sus manos, por fin he respirado con tranquilidad. Como si me hubiesen quitado una nave espacial de la espalda.

–¿Por qué te ríes? –me ha preguntado Carol sorprendida mientras corríamos hasta nuestra clase.

–¡Por la libertad! –he respondido dando un salto.

Creo que si se lo explico, no lo va a entender.

DIARIO DE MANU

Cuando Carol y Álex han llegado a clase, el profe Ramón les ha preguntado por sus tripas.

Ninguno de los dos tenía cara de haber estado en el baño.

Carol tenía cara de haber recibido un aplauso.

Álex tenía cara de haber sacado un diez en mates.

¿Qué demonios estaba pasando?

DIARIO DE ERIKA

Hoy tendríamos que haber tenido una reunión urgente en el banco del salchichón, porque estaba claro que algo estaba ocurriendo y yo no me estaba enterando de nada. Aunque tampoco ponía mucha atención, tengo que reconocerlo.

La verdad es que solo podía pensar en Lex.

Jaime me había dicho que íbamos a tener un perro, pero yo no lo había visto en fotos. ¿Qué tipo de perro era? ¿Grande? ¿Pequeño? He empezado a hacer dibujos en el margen de mi libreta sin darme cuenta, hasta que el profe Ramón me ha pillado y me ha obligado a dibujar un perro en la pizarra para que todos lo viesen.

–¿Seguro que no has conseguido ninguna medalla en las pruebas de plástica? –me ha preguntado detrás de sus gafas verde acusador–. En el recreo lo comprobaremos.

¡Vaya con Jaime! Al contarme su secreto me había secuestrado el cerebro, y solo podía pensar en nuestro futuro perro. ¿Me querría a la primera, o tendría que ganarme su amor?

Y es que la entrega de medallas era en el recreo. Hasta eso se me había olvidado...

DIARIO DE CAROL

Cuando estábamos en la fila para ir al salón de actos, he aprovechado para contarle a la Lupa que esta tarde merendaríamos victoria en casa de mi abuela Pili.

El caso del resistente ladrón de portales es todo nuestro (eso les he dicho con una sonrisa radiante).

El exnovio de Lucía no es (eso ha dicho Erika).

Por fin había vuelto al planeta Tierra, porque llevaba toda la mañana con su mente en el espacio, como diría Álex.

Entonces nos ha explicado lo de Jaime y lo de su futuro perro y lo del sospechoso número 3 (que se llama Carlos, por cierto).

DIARIO DE MANU

Pero, si no es Carlos, ¿entonces quién es?

No paraba de pensarlo.

Me alegraba que Erika fuera a tener un perro gracias a Jaime y gracias al no novio, perdón, al amigo de Lucía.

También me daba un pelín de envidia.

Envidia de Erika por el perro.

Y envidia de Carol por saber quién era el ladrón de portales.

¿Qué disfraz vestiría ese rebelde?

¿Iría de azul enemigo como la Resistencia?

De pronto, la directora ha llamado desde el micrófono a todos los de mi clase.

Había llegado la hora de la entrega de medallas.

DIARIO DE ERIKA

N.º DE MEDALLAS CONSEGUIDAS
POR LA CLASE DEL PROFE RAMÓN: 17

¡Y somos la clase medalla de bronce del cole! Nos han dado a todos nuestras medallas y nuestros diplomas. ¡Y al profe Ramón, un ramo de flores! Hacían juego con sus gafas verdes y se ha puesto muy contento. Y yo también. Tanto que hasta se me había olvidado que me había sacado a la pizarra a dibujar un perro. Justo iba a pedirle perdón por distraerme cuando Jaime me ha llamado desde el fondo del salón de actos.

Le he dicho a Manu que me guardase el sitio (porque justo iban a poner un vídeo resumen de las olimpiadas donde salíamos todos triunfando o tropezando, según el tipo de prueba). En realidad me sentía rarísima, porque mi hermano casi nunca me habla en el colegio si no es para meterse conmigo. ¿Se estará haciendo mayor y por eso me quiere un poquito más?

Carlos, el antiguo novio de Lucía, estaba con Jaime y, cuando he llegado, me han enseñado una foto en su móvil (a escondidas, claro). Era la foto de una bolita marrón y blanca con las orejas largas y una carilla de pena que daban ganas de meterse en el teléfono para abrazarla.

–Este es Lex –me ha susurrado Jaime con una sonrisa orgullosa.

Yo he puesto ojillos de ardilla feliz.

–Os estará esperando a la salida –ha añadido Carlos.

Entonces la realidad ha caído sobre mí. ¡A la salida del cole! ¿Nos echarían papá y mamá de casa cuando apareciésemos con un perro? Mi corazón se ha puesto a latir tan despacio que he creído que iba a desmayarme. Jaime se ha debido dar cuenta, porque me ha mirado y me ha dicho:

–Somos un equipo, ¿verdad?

DIARIO DE ÁLEX

Te quitan el teléfono, te dan una medalla. ¿Qué más puede ocurrir para mejorar el día? Pues la simple promesa de otro bizcocho de la abuela Pili de Carol para merendar.

Me he pasado la mañana flotando como un cuerpo en el espacio. La seño Gema me ha dado un papel para mis padres, donde dice que no me devolverán el móvil hasta que no vengan ellos al colegio. He pensado que me lo voy a guardar unos cuantos días para mantenerme fuera del mundo virtual.

–Pero, Álex, ¿y si la Resistencia se hace con todos los portales? –me ha preguntado Manu cuando ha sonado el timbre para irnos a casa.

Carol se me ha adelantado diciendo:

–Eso no va a pasar.

Su cara de detective de éxito es como que te inviten al cine y te compren palomitas. Carol se convence tanto de las cosas que nos convence a todos. Mis sensores robóticos no se resisten a sus frases de líder de la galaxia.

–¡Ah! –me ha dicho justo antes de despedirnos–. Invita también a tu padre a la merienda, porfa. La Lupa va a resolver el caso y se merece participar.

DIARIO DE MANU

¡Cuidado, amigos: Carol Tiburona ha vuelto!

Temblad, malvados. Poned cara de susto, porque os descubrirá.

Y nosotros con ella, que para eso la tenemos fichada en la Lupa.

Me he pasado el almuerzo pensando en la merienda.

«¡Estás comiendo como los pollos!», me ha regañado Carmen.

Y era la pura verdad.

¿Por qué a veces mi cuerpo piensa con la barriga en lugar de pensar con el cerebro?

Si la madre de Erika no le llega a mandar un mensaje con foto a mi madre, ni siquiera me hubiera acordado de su nuevo perro.

DIARIO DE ERIKA

Lex... Lex es como si la primavera explotase de pronto en el centro de tu barriga y lo llenase todo de lametazos de amor. No puedo parar de reírme y de abrazar a ese perro de carita triste.

Cuando el padre de Carlos lo ha traído a la puerta del cole, creía que me daba un infarto. Pero en cuanto he visto la mirada de alma inocente de Lex, lo he tenido que querer sin remedio.

Al que le iba a dar un infarto era a papá cuando nos ha visto llegar al coche tan bien acompañados. Ha estado a punto de soltarnos la mayor regañina de la historia de nuestra familia, pero entonces Jaime ha sido el hermano más inteligente del mundo. Ha levantado a Lex para que sus ojos tristes y perrunos quedaran a la altura de los ojos de papá, como si ese perro fuese un escudo de amor que nos protegiese de todo. ¡Y ha funcionado! La cara de alcachofa de papá se ha transformado en cara de bizcocho.

Con mamá y con Coliflor ha pasado exactamente lo mismo. Las únicas que se han puesto un poco nerviosas han sido mis macetas, que se han alzado tiesas en cuanto Lex ha entrado husmeando en mi cuarto. ¡Pero con el tiempo se acostumbrarán!

Estoy pensando en hacerle un poema a Lex. El poema al mejor cachorro del sistema solar, como diría Álex. Pero ahora tengo que irme corriendo a casa de la abuela de Carol.

¿Cómo voy a concentrarme en el mal del universo cuando todo el bien se ha concentrado en este perro?

Se lo he preguntado a Jaime, porque parecía que por fin éramos amigos, pero su respuesta me ha dejado como si me hubiesen echado un jarro de agua por la cabeza.

–Eriza, estás loca... ¡Y que no se te olvide que Lex es mi perro!

Tener hermanos para esto...

DIARIO DE MANU

Me he encontrado con Álex y con su padre en la puerta de la abuela Pili.

Carol no nos dejaba subir hasta que no estuviésemos todos.

«Y creo que le he oído decirle a su abuela que éramos *publicidad*», ha dicho el padre de Álex.

Él no conoce a Carol tanto como nosotros.

No sabe que le gusta que todo salga perfecto.

Seguro que ha preparado la cocina para nuestra reunión.

Con un bizcocho de la abuela Pili en el centro.

Y una libreta para apuntar las nuevas pistas.

Erika ha llegado justo cuando me había sentado en el escalón.

Nos ha pedido perdón.

Ha tardado un poco más por culpa de su perro.

Le he preguntado que si les habían regañado mucho por llevar a Lex a casa sin avisar.

«¿Sin avisar? Menudos valientes...», ha comentado el padre de Álex.

Eso mismo pensaba yo.

«El día que conozcáis a Lex lo entenderéis. Tiene un superpoder», ha dicho Erika con su sonrisa llena de pecas.

DIARIO DE CAROL

Cuando han llamado otra vez al timbre, les he abierto rapidísimo. ¡Estaba al lado del porterillo esperando! Qué nervios. Si me estaba equivocando con mis pesquisas detectivescas, me iba a dar una vergüenza de muerte. Pero no, ¡yo sabía que tenía razón!

He saludado a todos los integrantes de la Lupa y al padre de Álex y los he llevado a la cocina, donde estaba la abuela Pili con su mejor bizcocho de manzana.

¿Nos dices ya quién es el ladrón, o te sigues haciendo la misteriosa? (eso ha dicho Manu, que es un impaciente total).

Sentaos (eso he dicho yo, muy mandona, pero es que era la ocasión).

Todos se han sentado, menos la abuela Pili, que estaba preparándole un té al padre de Álex.

DIARIO DE ÁLEX

–Bueno, Carol, ya estamos sentados –ha dicho Manu, dejando claro lo evidente.

Es decir, que nos queríamos enterar ya de todo y que tanto misterio nos estaba reconcomiendo por dentro. Tú estás ahí, esperando un culpable sin saber si puedes comer ya bizcocho o no, y ella está ahí haciéndose la interesante. La vida, a veces, es complicada.

–¡He atrapado al ladrón! –ha dicho Carol entonces, apiadándose de nosotros.

Manu y yo nos hemos levantado de un salto.

–¿En qué cuarto lo has encerrado? –ha preguntado Manu.

–¿Al final era Carlos? –he preguntado yo.

Mi padre y Erika se han quedado callados.

Entonces he reparado en algo. En el dedo de Carol, que se levantaba a cámara lenta, acusador, y señalaba a la abuela Pili, con las dos tazas de té en la mano, vestida por completo de un solo color.

Color azul enemigo.

DIARIO DE ERIKA

¡La rebelde de la Resistencia era la abuela de Carol!

El padre de Álex ha abierto la boca como un dibujo animado.

Allí, en esa cocina de olores perfumados, de manzana caliente, de té verde y cómodos asientos. Allí se escondía la fuerza del mal, el enemigo de nuestra galaxia, el resistente ladrón de portales. Bueno, la ladrona.

–¡Por fin me habéis pillado! –ha dicho la abuela Pili, riéndose encantada delante de nuestras caras de hormigas sorprendidas–. Y eso que llevo toda la semana dejándoos pistas...

DIARIO DE MANU

No me he resistido. No me podía aguantar y le he dado un aplauso a la abuela de Carol.

No solo es la mujer que hace los mejores bizcochos del universo.

Además nos ha estado mareando toda la semana.

La Lupa ha tenido su cuartel general en casa del ladrón que estaba persiguiendo.

El padre de Álex ha debido pensar lo mismo. Porque se ha puesto a darle un aplauso también. Y ya se han unido todos.

DIARIO DE ÁLEX

Un buen piloto espacial siempre sabe reconocer a un digno enemigo, y la abuela Pili de Carol nos había dado una paliza exponencial.

Las bombillas comenzaron a encenderse en mi cabeza robótica una por una, a toda velocidad. ¡Por eso los portales seguían siendo de los Iluminados los días que la abuela Pili no iba a por Carol al colegio! Todo tenía sentido... Hasta la había visto volviendo del supermercado con su carro, bajo mi ventana.

Pero ninguno habíamos sospechado de ella. Nos conquistó con sus tartas y nos robó la energía cósmica.

DIARIO DE CAROL

¡Qué emocionante! Mi propia abuela era el enemigo y yo he estado en su casa tan pancha.

Cuando hemos terminado de aplaudir, nos ha preguntado cómo lo hemos descubierto.

Te vi anoche cazando portales (le he aclarado yo).

Ahora ya entiendo por qué esta mañana medio barrio era azul y medio barrio era verde (ha dicho el padre de Álex).

Es que fui a bajar la basura y, ya que estaba, pues conquisté los que había en mi calle, pero no me dio tiempo a más (ha dicho la abuela Pili explicándolo todo).

Yo solo necesitaba confirmarlo esta mañana con el móvil de Álex. Si el portal de la puerta del colegio pasaba a ser azul después de que me dejase en clase, la culpable solo podía ser la abuela Pili.

¡Ha sido un enemigo genial! Y no lo digo porque sea mi abuela, lo digo porque es una verdad que nadie puede negar. Cuando se lo cuente a mis padres, seguro que se apuntan a ser de la Resistencia.

Hay que reconocer que en las películas los rebeldes siempre molan más (eso lo ha dicho Álex).

Y la abuela Pili era una rebelde de la Resistencia.

¡Pero no se le ha resistido a la pandilla de la Lupa! ¡Los investigadores más chispeantes de este planeta y del mundo virtual!

DIARIO DE ERIKA

ACUERDO DE PAZ FIRMADO
POR LOS ILUMINADOS Y LA RESISTENCIA

Hora: Las cinco y media de la tarde.

Lugar: Cocina de la abuela Pili.

Enemigos asistentes: El padre de Álex (Iluminado) y la abuela Pili (rebelde de la Resistencia).

Testigos: Los detectives de la Lupa (Manu, Carol, Álex y Erika).

Acuerdo de paz:

Por la presente, los Iluminados y la Resistencia acuerdan repartirse los portales del barrio a partes iguales, empezando desde el que hay en la entrada del supermercado y terminando por el que hay en el edificio de la abuela Pili.

Los lunes, miércoles y viernes, los portales serán de la Resistencia. Los martes, jueves y sábados, los portales serán de los Iluminados.

Los domingos quedan libres.

Los portales de camino al colegio no están sujetos a este acuerdo porque Álex no los piensa volver a conquistar.

Firman el acuerdo: La abuela Pili y el padre de Álex.

PILI BERNARDINO (alias Nito)

En cuanto han estampado sus firmas en el papel, Carol ha alzado orgullosa su taza de leche.

–Otro éxito para los detectives de la Lupa –ha dicho con su sonrisa de sandía, y todos nos hemos levantado para brindar.

DIARIO DE MANU

Caso: ~~El caso del ladrón de energía cósmica~~ El resistente ladrón de portales.

Escenario del delito: La Tierra (especialmente el barrio de Álex y las calles cercanas al colegio).

Arma: Un teléfono móvil.

Prueba del delito: Portales verdes que se vuelven azules.

Testigos: ~~Desconocidos (que sepamos)~~ Los habitantes de la Tierra.

Primera pista: La Resistencia conquista los portales del padre de Álex (Iluminados) tres noches seguidas.

Segunda pista: La abuela de Carol es descubierta conquistando un portal en plena noche.

Tercera pista: La abuela de Carol conquista el portal del cole justo después de Álex.

Cuarta pista: El vestido azul enemigo de la abuela de Carol.

Culpable: La abuela Pili, dueña de nuestro cuartel secreto.

Y así es como la Lupa ha solucionado otro caso brillante.

Un caso que nos ha hecho sospechar de todos los seres humanos que tenían un móvil en la mano.

Hasta del profe Ramón.

Cuando hemos salido de casa de la abuela Pili, el mundo seguía siendo un lugar desconocido.

Pero más seguro.

DIARIO DE ERIKA

Lista de cosas muy importantes que han pasado esta semana

- Hemos entrado en el bando de los Iluminados.
- Hemos conquistado portales de energía cósmica.
- Hemos ganado medallas.
- Hemos interrogado a un profe (el profe Ramón).
- Hemos sido espías.
- Hemos comido tres tipos de bizcochos diferentes (de zanahoria, de limón y de manzana).
- Mi cabeza ha sido una tarta de polvos de talco.
- La Lupa ha solucionado un gran caso.

- Mi hermano me ha contado un secreto (¿señal de alianza?).
- ¡Tenemos un perro!

Es imposible que la semana que viene sea mejor que esta. Miro a Coliflor, que mira a Lex, que mira mis macetas con interés. Escucho los ruidos de la casa (sobre todo las teclas del ordenador de papá) y escribo en mi diario con una sonrisa de gato calentito.

Estoy convencida de que, a partir de ahora, Jaime será mucho mejor hermano y mucho mejor amigo. ¡Y de que se meterá menos conmigo!

DIARIO DE ÁLEX

Cuando he llegado a casa, después de celebrar con la Lupa nuestra victoria intergaláctica, me he sentado con mi madre en el sofá (ella estaba leyendo un libro tan gordo que se lo tenía que apoyar en un cojín). Me ha acariciado el flequillo mientras terminaba una página y después ha cerrado el libro.

–¡Quiero todos los detalles! –me ha dicho como si de pronto la mejor lectura del espacio exterior fuera yo.

Así que le he contado toda nuestra aventura (incluso que la seño Gema me había quitado el teléfono y que no pensaba llevarlo al cole ni un día más). Mi madre ha puesto una cara radiante de emperatriz del sistema solar.

–Estoy muy orgullosa de ti, piloto espacial –han sido sus palabras justo antes de que Julio apareciese a robarme el protagonismo.

–¿Y de mí? ¿Y de mí? ¡Yo también he ayudado!

Julio confiará en las investigaciones de la Lupa, pero en compartir el amor de una madre no confía demasiado.

Los he dejado en el salón disfrutando del momento y he venido a escribir en mi diario antes de que llegue mi padre (mi madre ha dicho que ha ido a por pizzas para celebrar la paz y no pienso perderme ni un solo bocado).

–¿Y ahora qué vais a investigar? –me ha dicho Mario entrando de pronto en mi cuarto, sin llamar ni nada, como cualquier hermano mayor.

He puesto cara de no entender nada y él me lo ha explicado como si fuese más listo de lo que parece (y no es así).

–La Lupa, después de todo esto de los portales, ¿qué vais a investigar?

–Quizá a ti, Mario –le he soltado con los ojos entrecerrados y mi mejor sospecha robótica en acción–. ¿Tienes algo que ocultar?

Ha salido dando un portazo y a mí me ha hecho gracia su cara de secreto. Tanto que me he imaginado el nombre de nuestro próximo caso: *El secuestro del gel de baño de las fotos de Mario.*

TE CUENTO QUE LUCÍA SERRANO…

… tiene un teléfono móvil, pero está un poco escacharrado. Con la tapa suelta, sujeta con una gomita. Y sin juegos. Así que nunca ha buscado portales por la ciudad, como el padre de Álex. Eso sí: le encantan los misterios y, cuando se encuentra con uno, levanta una ceja como la detective Carol. En estos momentos está investigando con sus amigos un crimen bastante monstruoso en un juego de rol. Si no sabéis lo que es, averiguadlo. ¡Os va a encantar!

Lucía también tiene una camiseta de la suerte, con rayas azules, que le hace sentir superpoderosa y con la que se atreve a enfrentarse a todo. La camiseta ya tiene muchos años pero, como Lucía ya no va a crecer más, nunca se le quedará pequeña. ¡Y menos mal!

Cuando no tiene nada que investigar, Lucía se dedica a dibujar. Y acompaña a la pandilla de la Lupa en sus aventuras. Ya está deseando conocer la próxima. ¡Qué intriga!

TE CUENTO QUE PATRICIA GARCÍA-ROJO CANTÓN...

... tiene un padre friki que ha visto innumerables películas de ciencia ficción y ha jugado a cientos de juegos de mesa con naves espaciales. Pero en ninguno había energía cósmica virtual porque, cuando ella era pequeña, los móviles no existían. Por eso, tuvo que esperar hasta esa tarde de primavera en la que su amigo Dani le habló de un juego de móvil a nivel planetario. Mientras le escuchaba, comenzó a imaginar la nueva aventura de la Lupa. También le robó a su primo Manuel la tarde que pasó con su madre viendo *La guerra de las galaxias* y a su marido el amor por plantar tomates en las macetas de la terraza. Cualquier día la Lupa la investigará por ladrona de anécdotas, porque Patricia siempre está atenta a lo que sucede a su alrededor para contarlo en sus historias. ¿A quién le habrá robado lo de los calzoncillos detrás de la puerta del baño? ¡Ese puede ser otro caso de la Lupa! Espera y verás.

Patricia García-Rojo nació en Jaén en 1984. Estudió Filología Hispánica y publicó su primer libro, *La fábrica creátor*, en 2008. Ha escrito novelas de aventuras y fantasía, como *El mar*, Premio Gran Angular 2015, o *Lobo. El camino de la venganza*, Premio Hache 2016.